머구리

원투쓰리

청초 서정돈 作

머구리

원투쓰리

1판 1쇄 인쇄 | 2013. 9. 10
지은이 | 서정돈
발행인 | 박남권
편집인 | 이소연
디자인 | 디자인존
발행처 | 한국문학예술
등록번호 | 서울 바 03272(2002. 9. 18)
주소 | 서울시 중구 충무로 4가 127-6
TEL | 02-777-5522 / 011-766-7700
카페 | http://cafe.daum.net/KLA7
E-mail | kla7@hanmail.net

값 12,000원

ISBN 978-89-967934-9-6 03810
파본은 교환해 드립니다.

머구리

원투 쓰리

청초 서정돈 作

머구리 원 투 쓰리

올해 여름은 유난히 덥다. 가만히 서 있어도 땀이 흘러, 35도의 폭염이 실감 난다.

지금 이 시간 머구리들은 뭘 하고 있을까? 한 명은 입 벌리고 한 명은 코 고는 소리가 혹시 유리창을 흔들지, 또 한 명은 이불을 푹 덮고 잔다. 각기 다른 장면에 식성까지 다르니, 입맛 맞추기가 까다롭지! 사람이 나고 자라서, 어떤 인생은 땅 짚고 헤엄치는 사람이 있는가 하면, 어떤 인생은 땅이 없어 짚지 못하고 헤엄칠 줄 모르니 인생의 바다에서 잠수할 수밖에! 하지만 척박한 땅에도 인간미 넘치는 사람들의 애정어린 눈빛이 있다.

머구리는 바닷속에서 잠수부들이 머리에 쓰는 것, 바다 위에서 공기를 주입한다. 천천히 걸으며 바다를 유영하는 머구리! 머리를 쓰는 일은 하나 없고 오로지 몸으로 인생을 헤쳐가는 사람들! 그런 사람들은 더욱 순수하지 않을까?

"형님, 저 친구, 분명 머구리 맞습니다. 바로 앞에 보급소를 놓아두고 그 먼 데까지 갔다 오는데, 이 더운 여름에 옷을 두 벌이나 껴입고, 그것도 무게나 적게 나가는 것 같으면 말도 안 해, 무려 20킬로 넘는 것을 땀 뻘뻘 흘리며 들고 오는 걸 봤다면, 배를 잡고 웃을 겁니다."

"왜, 그랬데? 물어봤니?"

"아, 그게… 그 보급소가 왠지 편하다나, 확실히 머구리과 맞습니다."

조선소에서 있었던 일이다. 그 친구는 지금 반장일을 하고 있다. 그냥 자기에게 주어진 일에 매진할 뿐이다.

나는 이런 사람을 순수라고 부른다. 순수는 구슬 서 말을 꿰는 실 같은 존재가 아닌가?

항상 되돌아가려고 했다. 바다로 돌아가고 산을 올라 하늘로 돌아가기를 얼마나 고대했던가? 그 많은 해답 중에 사람으로 돌아간다는 것은, 영원한 나의 안식처이고, 나를 끄집어내는 지독한 열정이었다. 바로 사랑이었기에 더더욱 가슴 저린다. 그것도 순수가 만들어내는 황금의 거미줄!

첫 시집 〈미리의 아름다운 밤하늘〉에 아낌없는 우정과 사랑을 주신 다모회원 여러분들께, 또 한 권의 추억의 콩트를 쓰게 해주셔서 감사하고, 항상 옆에서 힘이 되어 주시는 누님께 고맙다는 말 전하고 싶다.

마지막으로 책에 싣지 못할 뻔했던 '미리의 안개꽃' 단편을 책 말미에 넣을 수 있어서 얼마나 기쁜지 모르겠다. 아마 미리도 좋아할 것이기에…….

2013. 8. 19

장승포에서 청초

『미리의 안개꽃』

– "사랑이 아니면 인생에서
남는 것은 무엇인가?
오아시스를 찾아 나선
그 어떤 누구를 위해!" –

목 차

꽁트

소설

시

꽁트

마늘

한집에 사는 머구리들, 아침에 일어나는 것도 차례로 일어난다. 원 투 쓰리, 어! 쓰리가 아직 자고 있네. 깨울 수 있는 방법은? 그렇지, 마늘! 머구리 투는 요리사이며 두꺼운 안경 너머에 그래도 나이 많은 총각의 눈빛! 주특기는 필기, 재무담당, 한마디로 철저한 나누기로 살림꾼이다. 원은 40대 후반, 투는 40대 중반, 쓰리는 30대 후반이다.

투: "오늘 밥상에는 저린 마늘인데. 어쩔까요? 형님!"

그러면서 자꾸 베갯머리를 쳐다본다. 머구리 쓰리는 그제야 눈을 비빈다. 똥구멍까지 뻗은 햇빛. 케케묵은 담요 때가 덕지덕지 한 벽을 손으로 더듬는다.

원: "내 그럴 줄 알았지. 역시 막내야. 미식가다운 행동이야. 마늘을 저리 좋아할 수가 있나? 환장할 정도니까. 자다가도

일어나지. 어이! 동생, 쓰리 일어난다. 밥상 차리라."

머구리 원은 머리가 좋아 영어도 곧잘 하고 창을 특히 잘 부른다. 말하기 이전에 거의 제스츄어로 얘기하는 스타일. 하지만 어쩌겠나, 머구리 과에 속하는걸. 밥상은 세 사람이 먹기에 제법 근사하게 차려졌다.

쓰리는 고양이 세수 중, 맛난 마늘이 삽자루 폭만 한 화단에 주렁주렁 달려있다. 웬 마늘! 남자에게 그리 좋다는디, "아싸가지 없는 이웃집 아줌씨가 그 많은 마늘 중 꼴랑 대여섯 개도 안 주어야! 남편 몸보신 시킨다고 마늘즙을 만든다나." 얼굴을 닦으며 벌써 마늘의 진한 냄새가 손끝에 거미줄을 친다. 큰 방 한 개, 거실 하나, 큰 탁자가 밥그릇을 받들고 있다. 어느 안전이라고 소홀히 할 수 있나. 쓰리가 제일 먼저 앉는다.

쓰리: "형, 옆집 아주메, 영 아니야. 그 마늘 몇 개 달라는데 도둑 쳐다보듯 하네."

투는 아까부터 냉장고 문을 열었다 닫았다 한다. 신경질이 미간 사이를 오가며 열이 날 즈음, 백곡을 외운다는 노래

백곡 형님이 등장, 최고연장자이며 방장이다 작은 얼굴로 빼꼼히 쳐다보고 있다. 순간 투는 씩 웃으며, 백곡 형님에게 저린 마늘의 향방을 물으니,

백곡: "그거 아침 일찍 일어나, 소주 한잔하면서 먹었지롱!"

그리고는 말을 잘했다는 표정으로, 옆방으로 가버렸다. 햇살은 5월이라 아리따운 색시같이 제법 붉게 거실을 메운다. 이상한 빛이 쓰리의 눈에 차면서,

쓰리: "형님, 어제 먹은 게 소화가 안 되네요."

슬쩍 빠져나가는 물고기 마냥, 이불로 직행하고 있다.

쓰리: "그놈의! 아주메, 정말 맛있는… 원산지가…!"

둘만 남아 밥을 먹는다. 시간은 10시쯤 하기야 시간이 대수가! 아니 그것도 잠시,

원: "야! 동생 마누라! 국에다 미원 넣었지? 내가 제일 싫어하는 것을 아침에 그것도 구름 한 점 없는 이 좋은 날에…"

투: "아니, 그걸 어떻게 알았습니까? 쪼깨 넣었는데 죄송합니다. 형님의 미각은 못따라 가겠습니다. 사부님!"

바다 산책

한날 멋쩍고 떨떠름하여, 유달리 비린내가 많이 나는 장승포구를 거닌다. 젓갈처럼 짠맛의 바다가 왕소금을 해안으로 냅다 들이민다.

원: “아이구 짭아라! 어, 이건 뭐야? 이런 젠장 된장 고추장! 하필 단벌 신사한테, 이게 무슨 행패야! 저리 가 어서! 쓰리한테 가란 말이야. 그럼, 용서해줄게. 응?”

쓰리: “까짓 거 이게 뭐라꼬. 형님은 돈도 없는 사람이니, 내한테 오는 게 맞지. 한번 보여줘!”

고양이 담으로 튀어 오르듯 보도블록을 오른다. 그리고 한발 한발, 가만히 있을 파도인가? 서서히 커 오더니, 소금에 아예 고춧가루 뿌려서, 한 번에 치켜세우며, 쓰리에게 물대포! 원은 줄행랑, 투는 차 뒤에 바짝 수그리!

쓰리: “아! 살다 보니, 오만 것이 성가시게 하네. 이게 뭐꼬?

옷 다 버렸네. 어디 한번 해보까? 좋아!"

두리번두리번 비닐을 찾는다. 화단에 들어갔다가 나오더니, 다시 3층 건물! 약간의 대머리가 태양에 번쩍번쩍! 거침없는 행동 씩씩거리며, 다시 돌아간다.

원: "막내 성질 건드렸네. 바람도 없는 바다에, 웬 파도가 집적대…!! (에누리없는 흰 물살!!!) 나 못살아! 또 옷 버렸네! 야! 파도야! (달래는 듯) 너 왜 그래? 살살 좀 해라. 여기 다른 사람 다 떠나면, 너 외로워 어찌 살래? 같이 살자. 응? (손가락 구부리며) 좋은 말로 할 때!"

투: "아! 형님, 깜박했습니다. 소금을 사야 하는데…, 혹시 돈 가진 거 없습니까?"

(알면서 물어보는 얄밉기도 하지만, 파도가 치는데 소금이라, 가만 저걸 통에 담아?)

원: "투 마누라, 내가 돈이 어딨냐? 인력사무실 나가서 하루 벌어 마누라 애들 걷어야 하는데, 총각들이 뭘 알아야지…? …! (마치 보물 꺼내놓듯이) 저기 바닷물을 떠서, 소금을 만들자. 그러면, 바로 천연 조미료! 아이가?"

수첩을 꺼내 뒤적이는 투, 안경 너머에 보이는 세상은 호락호락하지 않다. 깨알 같은 글씨 사이로 원 투 쓰리, 백곡, 백암, 운봉, 훈장님, 오미리, 노미리, 그리고… 아! 도니! 빼곡한

돈다발 잘한다. 나누기는 이 정도는 돼야지. 돋보기안경을 옷에 닦는다. 눈을 가늘게 떠서, 희미한 세상을 보는데, 뭔가 노란색이 빨리 다가온다. 다시 안경을 쓰니, 쓰리가 노란 장판을 덮어쓰고 오는 게 아닌가! 아이구야! 너, 파도 죽었다!

쓰리: "형님, 이 정도 하면 물 한 방울 안 샐 겁니다. (숨이 차 가슴이 들락날락)"

원: "장판 가져온다고, 욕봤다. 바야흐로 바다가 잠자는 시간! 조용한 바다에 갈매기 날고, 조오타~~."

세 명 모두 벤치에 원을 중심으로 양옆에 앉았다. 몇 분 뒤 갈매기 소리에 슬며시 눈이 감긴다. 밥 생각도 나고 졸음까지, 원을 베개 삼아 투 쓰리, 살짝 입을 벌리는데, 원의 눈앞에 얼마나 빠른지, 날강도 같은 하얀 악마가 가오리처럼 날아들어… .

파도: "어쭈! 이것들이, 그새 못 참고 잠을 자!"

철썩! 찰싹! 처얼썩! 차알썩! 세 놈을 꼼짝달싹 못 하게 마지막 물을 먹인다. 머구리 원 투 쓰리는 뒤도 안 돌아보고 집으로 뛰어간다. 제일 빠른 친구는 무서움 많은 원, 다음은 투, 쓰리는 마지막 문을 닫고, 모두 쥐죽은 듯이, 소름이 끼치는 바다의 흰 악마를 떠올린다.

노래방

그날 갔던 사람이 보자, 그래, 첫 번째 주자가 노래 백곡, 두 번째 원 쓰리, 다음은… 훈장님도 가셨는지, 기억이 안 나네. 노래방에서 술이 떡이 되어 망각의 안경을 낀 투, 방법은 한가지 백곡 형님뿐, 기억력 하나는 탁월하다. 물론 노래 부를 때만 (음악은 팝송, 나이에 맞지 않게 젊어지려는 저 의지! 폰을 받긴 받는데… 영… 아니올시다.)

백곡: "여보지야, 왜 그래? 일한다고 나 바쁘거든…, 빨랑 말하라."

투: "형님, 혹시 저번 노래방에 갔을 때, 훈장님도 있었습니까?"

백곡: "머구리 투, 전화는 말이야. 그것도 스마트폰은 말이지. 이런, 허잡스런 질문을 하라고 만든 게 아니여. 이하

동문…….”

투: “(멍하니 폰을 본다) 그라몬, 알고 있다는 말인지? 모른다는 말인지?”

사람을 유혹하려면 어둠 속에서 불빛만 한 게 있을까? 특히 늦은 밤 마음까지 내려놓게 하고, 이 밤이 다하도록 마시고 노래한다. 마이크를 잡은 원, “레디즈 제트맨! 아, 아, 테스터! 술이 많이 되어, 신사와 수녀 여러분! 노래하고 지비는 빨랑 하시라요. 이상 끝!” 노래는 흐르기 시작, 몇 사람이 거쳤는지, 어느 순간 마이크는 노래백곡 손에 있다. 아이구야 큰일! 설마 백곡까지 부르는 건 한 번 못 보았지만, 진짜 부르면…!!! 마이크가 오른손 왼손, 쌍으로 차고… 다른 사람이 나의 주옥같은 명곡을 부르게 할 순 없다. 아! 이 얼마나 아름다운 밤인가! 현란한 불빛!!! 백곡의 노래가 한 곡부터 시작한다.

투는 쌀을 씻어 밥통에 붓고 물을 맞춘다. 흐린 날씨가 어째 비의 출현을 예고하듯, 바람이 실실거리며 문밖출입을 자기 집 드나들 듯, 아주 자연스럽게 투의 발목을 잡는다. 자기 뒤에 머구리 원이 있는 줄도 모르고,

원: "동생 마누라…!"

투: "에구머니나! 이 뭔! 놀래라! 인기척을 해야지. (행주로 밥상을 닦으며) 하나 물어봅시다. 그날 노래 부르는 날, 훈장님도 있었죠? 내가 알기로는……."

원: "아이갸! 알긴 뭘 알어! 동생 마누라와 쓰리는 벌써 엥꼬되었고, 또 한사람 더 있었지……."

투: "그게 훈장님 아닙니까?"

원: "(넌지시 쳐다만 본다)…!!"

두 곡이 채 넘어가 전 구십 여덟 고개? 머구리 원이 막 문을 열고 들어오는데…… 그 고함 소리! 한쪽에 나가떨어진 투와 쓰리는 엎어져 있고, 훈장님은 개구리 된 동생들한테, 마지막 훈시하고 있는 중이다. 마이크는 기자회견 때나 볼 수 있는 쌍마이크, 침을 튀겨가며 악을 쓴다.

백곡: "야!! 니가 뭘 알어! 니가 사랑을 알아! (마이크가 떨린다. 부르르… 찡… 에코… 윙…) 좆도 모르는 게 까불고 있어! 이 새끼야! 니가 사랑을 알아?!!!!!"

원: "그런데 앉아서 머리 숙인 사람이 고개를 드는데, 아이구! 도니 선생인 기라. 이 어찌 된 일인지? 어디서 화가 났는지? 술이 잔뜩 되어 노래방에 왔어, 훈장님이 오라고

했다는구만.

투: “솔직히 백곡 형님의 사랑하고, 도니 선생의 사랑하고는 물과 불입니다.”

원: “그렇지. 그 말이 맞아.”

투: “그럼, 음. 보자……, 합이 여섯이네. 만 원씩! 깔끔하네! 바로 이 맛이야!

성자는 빨간 팬티

한적한 장승포는 옛말, 뷔페음식점, 당구장, 게장 집, 월남 보쌈까지 없는 게 없을 정도로 5, 6년 전에 비해서 많이 변했다. 아마 변하지 않은 곳은 해안의 벤치와 키 작은 해송일 것이다. 제법 굵은 팔을 쭉 뻗어 해 지는 서쪽을 가리키며 그림자를 벤치에 드리운다.

이제 저녁이 다되었다. 해거름이 어둠을 몰아 장승포 한가운데 섰다. 네온이 큰 입처럼 사각을 그린다. 큰 네온, 작은 네온, 둘 다 크기만 틀리지 간판 '올래 올래'는 같다. 지나가는 웬 노파가 눈이 부신지 고개를 돌린다. 빙글빙글 돌아가는 불빛, 꼭 누굴 닮은 인생 같다. 올래 사장은 벌써 나와 안줏거리를 점검한다. 말이 호프집이지 사실 소주방과 비슷, 입구는 한사람 들어갈 정도 좁은 길에 오른쪽 주방, 나이테 있는 탁자 여섯, 각각 칸막이를 쳐놓았다. 색상은 약간 어두운 암갈색, 군데군데 맞지 않는 손바닥만 한 그림들, 마담의 귀로 7080 노래가 흘러 에나멜 탁자에 반사된다. 상상으로 이곳은 조선소 일에 지치고 나이 든 사람들이 찾아와 넋두리하면, 마담은 그냥 귀로 들어주며 장사도 곁들이는 정도, 그래도 성자를 종업원으로 둔 것은 나긋나긋한 성격에 큰 눈이 매력적으로 보여서라기보다, 좀 더 다른 데 있는 것 같다. 아마 가까이 있는 친구 머구리 원은 알고 있는 줄도 모른다. 뜨거운 바람이 어둠에서 몰아온다. 이 여름이 언제까지 계속될 것인지 푹푹 꺼지는 더위를 부채질하며,

원: "아이구! 덥다. 더워! 사장님, 제발 냉수에다 얼음!"

벽에 박힌 거울의 단편들, 옆좌석에 앉은 여자의 꽁지 머리가 길게도 되었다가, 가위로 짤려 있기도 하고, 털보의 너털웃음까지, 몇 개의 빛들이 투의 안경으로 간다.

투: "오늘 어쩐 일로 훈장님께서 다 오시고?"

훈장: "너거들, 보고 싶어 왔다 아이가. 그래, 뭐 먹고 싶노? 어이! 사장, 동생들한테 맛있는 거 내 오이라. 그라고 성자는?"

올래 사장: "중요한 일이 있어서 저녁 10시쯤 올 겁니다. 대신에 딸이 서빙 하고 있어요."

딸은 몇 번 보아 알고 있다. 새초롬한 눈빛에 귀염상, 그러고 보니 저번 주에 있었던 성자와의 대화,

원: "혹시 너 빨간 팬티 아녀? 얼굴은 전혀 싫어하는 표정이지만 사람 속을 알 수 없지. 안 그래? 투 쓰리!"

투 쓰리: "맞습니다. 맞고요. (성자의 손가락이 탁자를 살짝 긁는다.)"

성자: "니는 내 성질 모르나? 오히려 까만색을 더 좋아한다. 튀는 색깔은 싫어!"

원: "성자의 손바닥만 한 빨간 바지가 어디에 있을까?"

성자가 없으니 놀릴 사람이 없다. 오늘 더워서 그런지 맥주 찾는 손님이 많다. 성자 딸이 바쁘게 이 테이블, 저 테이블 오가며 주문을 받는다. 에어컨 바람이 더위를 내몰아도 적의 수는 더 많아지는 것 같다. 그 후끈후끈한 한여름밤이 올래 가게에 찾아와 깊은 유혹을 할 때 쯤, 약간의 비린내와 야릇한 분위기가 서서히 연출되는데 투와 쓰리는 자기들끼리 뜬금없이 히히덕거린다. 그리고 놀란 사람처럼 멍하니 쳐다보기도 하고, 귓속말로 하니 들을 수가 없다.

원: “너거들끼리만 얘기할래!”

그리고는 재빨리 투 쓰리 옆으로 붙는다. 궁금한 훈장님도 머리를 숙이고, 네 명의 귀가 한자리에 모였다. 투는 터져 나오는 웃음을 참으며,

투: “너무 놀라지 마십시오. 이건 분명 라이브입니다. (손가락으로 성자 딸을 가리키며,) 형님, 저건 분명히 빨간 팬티! 확실합니다. 명백한 증거, 허리에 살짝 올라온 팬티는 빨강입니다.”

원: “(소리를 죽이며) 성자 팬티가 중요하지! 딸 팬티가 중요하냐? 등신 바보야!”

투: “그건 모르는 소리! 팬티 색깔도 유전됩니다. TV에 틈만 나면 유전인자가 어떻고 저떻고 하는데, 팬티라고 예욉니까?”

훈장님: “(쥐소리 내며) 동생, 테레비를 제대로 봐야지, 억지로 갖다 붙이면… (이쪽 테이블로 가까이 오는 딸, 선명한 팬티 색깔!) 아무리 생각해도 유전이 맞네. 맞어!”

쓰리: “우리가 결론 내린 게 그겁니다.”

원: “자 자 다들 한잔합시다.”

무언가 깨름칙한 것이 있다. 성자는 차분하고, 나서는 성격도 아니라서, 검정색을 좋아한다는 것이 이해가 된다.

그럼 딸은? 더이상 말할 필요가 없게 되었다. 순간 주인공이 등장했기 때문이다. 역시 까만 블라우스에 청바지! 전혀 튀지 않는 차림새! 그런데 얼굴은 붉으락푸르락 화낸 표정으로, 탁자에 앉아 있는 네 명은 거들떠보지 않고, 딸을 찾는다. 올래 사장도 한순간 약간 질렀다. 칸막이 쳐진 화장실 앞에서 성자와 딸이 서로 얘기한다. 네 명은 차례로 칸막이에 귀를 갖다 댄다.

성자: "너 왜? 내 옷을 허락도 없이 입는데? 대체 몇 번째고! 다른 옷도 아니고? 손님 있는 데서 큰소리칠 수도 없고, 앞으로 한 번만 더하면 용돈 없다! 그만 들어가라!"

딸: "(미안한 듯) 저기 테이블, 과일 안주 하나 주문 있어…."

성자가 획 돌아본다. 네 명은 비비 꼬이듯이 자기 자리에 가서 앉는다. 이 상황을 어떻게 설명하지, 원은 고민 중이다.

투는 답을 알았고 쓰리는 그전부터 알고 있다는 표정, 훈장님은 성자를 다시 본다. 이 중에 제일 충격은 원이다.

투: "형님, 내가 정리하죠. 먼저 성자는 빨간 팬티를 좋아하고, 오늘 누구와 만났는지는 알 수 없으나, 가게에 나오려고 팬티를 찾았으나 없어졌다, 결국 딸이 입고 갔다. 이거 아닙니까? 이거요! 100프로 유전이라니까요!!!"

원: "야! 머구리 투, 그 문제가 아니야. 누구를 만나고 와서 저녁에 새 팬티를 입는다. 도대체, 누구라는 게 누구냐? 어떤 개 같은……."

원은 연거푸 술을 들이킨다. 나머지 머구리와 훈장님도 자꾸 시간이 갈수록, 빨간 팬티는 유전이 되는 건지, 술잔도 적색, 가게에 있는 탁자, 그림, 맥주병까지 빠알갛게 물들고, 올래 사장의 립스틱도 앵두처럼 붉어진다.

투: "(혀 꼬부라지는 소리) 형님, 유전은 무섭습니다!"

머리 숙인 원이 고개를 들며, 그 바라보는 눈빛! 아! 살 떨려!!!!!

사자 탈춤

이왕 펜대 묻힌 김에 노래방 얘기를 하나 더 해야겠다. 글을 쓰자니 자꾸 그놈의 쟁반이 번쩍거려서 나의 시야를 가리는 것 같다. 무대는 장승포에서 옥포로 머구리가 활동하기 좋은 야심한 밤이고, 나이에 맞게 7080 프로젝트 추억의 노래, 위치는 해안가, 밤 공기가 머구리의 피부만큼 야들거리고, 늦은 밤이 선사하는 약간의 한적함까지 곁들여, 희미한 불빛에 모여드는 하얀 나방들! 특별한 메뉴를 시키는 어느 장년의 푸른 눈! 아직은 사랑이 식지 않아, 열정의 메뉴에 나열된 달콤한 인생의 그윽한 향기! 후각이 예민한 머구리들과 백곡 운봉 도니, 그리고 눈이 깊은 노미리! 무슨 일인지? 삼삼오오 개들과 하얀 여우! 가로등의 후광을 받아 7080으로 향한다.

투: “이 밤을 기다렸노라! 그대는 깊은 의미를 아는가? (쓰리는 여우를 쫓아가느라 정신이 없다. 누군가 어둠 속에서….)”

백곡: “좋아 아주 좋아! (표현을 하자면 마치 말을 바리톤으로 부르듯이 확실히 노래에 빠져있다.)”

원: “형님, 제발, 오늘만은……? 아니면……!”

백곡: “아니면, 어찌할고나? 동생의 체면을 봐서 반 틈만 부르께. 머구라!”

원: “고라면 되겠다고 말하라는 높고 지엄하신, 노미리 태후마마의 엄명이 계시온지라…. 이만 머구리는 퇴청하여 가라오케로 갈까 하옵니다.”

네온의 주황색이 번들거리며 따라온다. 보도에 장대 같은 은행이 노란빛을 흘기는데, 7080은 나묵은 사람들을 추억 상자로 유인하며 흐릿한 푸른 빛과 앵두가 어울려 더욱 분위기를 업시키고 있다.

백곡: “엥? 대박인가? 웬 아줌마부대가 맥주라는 소총을 들고 있을까이! 그렇다면 소주 권총은?”

노미리: “그저 여자만 보면……. 백곡아! ♬♩♪ 백곡아! 배꼽 아프게 눈이 똥그랗네.”

운봉: "야! 여기는 일단, 스테이지가 마음에 들구만. 그리고 이 많은 쇼파들! 제일 번쩍이는 건 무대에서 춤추는 아낙네!"

엉덩이가 안 보일 정도로 쇼파를 깔고 앉는다. 단연 노미리 여왕의 벌떼들! 눈은 초롱초롱, 손은 반짝반짝, 유들유들한 탁자에, 소금 같은 해안바람이 실실거리며 다가와, 슬쩍 맛이 간 머구리를 유혹한다.

벌써 백곡의 작고 어슴푸레한 눈이 스테이지에서 돌고 있다. 운봉의 기타리스트 자세가 여자 사이를 오간다. 저기 뺄쭘하게 안경 까는 투는 아줌씨를 자로 재는지 흔들흔들, 쓰리는 길쭘한 얼굴에 손가락을 올리고 코를 히비판다.

왜 나묵은 여자뿐이지? 흰머리의 반주자는 도로또에 슬로고고 막춤을 대비하고 있다. 시간은 집 나간 개같이 흘러가고, 막 백곡의 배꼽춤이 시작될 무렵, 아니! 저건!! 은빛이 무대를 가로지르며, 시퍼런 무인의 칼이 노래를 따라 박자에 맞추고 있지 않은가! 노미리 일어나 고개를 드는데, 뿐만 아니라 좌석에 앉은 수녀(숙녀)들, 모두 일어나 쟁반을 든 신부를 열광하기 시작한다.

머구리 원의 엽기적 쟁반춤! 형형색색의 쟁반이 되어 짱께 나르듯, 왼쪽 오른쪽 머리로 돌아, 이 여자 저 여자 빵빵이!

아니! 이럴 수가! 긴 행렬의 사자탈춤? 쟁반 앞에 일렬로 선 저 하얀 수녀들! 머구리 원이 원하는 대로, 무대 한바퀴, 썩 물렀거라! 하나같이 머구리를 사랑의 눈빛으로 보고 있다. 바로 일심동체! 모두 배를 잡고 포복절도!! 눈치 200단, 누구겠는가? 백곡은 아줌마부대에게 잘 보이려, 배꼽을 더 내밀고, 노미리는 배를 잡고, 바닥에 쓰러졌다 저! 저! 저! 멍미!!!!!

쓰리: "(술이 깨는지) 개판 오 분 전이구만!!!"

머구리 원은 무대에 퍼지고 앉아, 쟁반을 빙글빙글 돌리고 있다, 나묵은 나비들에 둘러싸인 바퀴벌레가, 해묵은 사랑을 구걸하듯…….

족구장에 온 노미리

(어느 뜨거운 여름날 부채질하며 그늘에 앉았다.)

원: "에이구, 요놈의 더위! 추운 겨울에 그렇게 애걸복걸하며, 따시게 해달라고 했건만, 단 한 번도 기회 안주고! 늦가 온 더위가 또 사람 잡네! 더워 더워 뒈지겠네! (부채질하다 말고 멀뚱멀뚱 보고 있다가, 슬그머니 뒤로 앉는다.)"

투: "형님, 요즘 통 안 보이시더만 어디 다녀왔습니까? 얼굴 표정이 영 아니올시다. 형수가 또 한마디 했는지?"

원: "(획 돌아보며 떫은 미소를 보내는데)……!!!"

투: "형님, 용돈 받은 거 내놓지요? 액수가 좀 많아서, 밀린 방세도 그렇고, 다들 뿜빠이하기로 했으면, 똑바로 하세야지…? (안경 너머로 선생이 학생 다루듯!)"

원: "야! 이… 저기, 백곡 형님 오신다. (눈을 부라리며 360 회전) 족구 네트가 없으니 줄을 치자! (잽싸게 머구리 투를

뿌리치고, 주차금지 빨간 원통을 가져다, 양쪽에 한 개씩 놓고, 나뭇가지에 줄을 묶는다. 그리고는 구멍에 꼽는다. 쓴웃음…) 역시 깔끔해"

(장승포 초등학교 농구 겸 족구장, 두 명씩 가위바위보, 진 사람 백암, 도니, 벽하, 이긴 사람 머구리 원, 투, 백곡)

도니: "편을 보니 뻔하구만. 분명 머구리 원이 구멍일 거야. 벽하, 알았지? 집중 공격하자!"

(머리 짧은 벽하 끄득끄득, 머구리 투가 먼저 서브, 투의 주황색 축구화! 제법 노는데 몸놀림 가벼이 원 서브! 하늘 높이 뜬 축구공, 한번 바운드 되더니, 안경 낀 백암, 아뿔싸! 시멘트 바닥이라 훌쩍 머리를 넘기는데, 백암 형님 하는 꼴! 머리만 크게 끄-으-뜩! 백암을 곧바로 구멍으로 인정합니다!)

도니: "형님, 벽하와 바꾸시죠? 안 그러면…!"

백암: "(갑자기 열이 나는지) 뭐라? 좆 짜부러지는 소리 그만 하고, 니나 잘해라! 어이! 머구리 투! 한번 더 서브해라! 진짜 열받네."

(이건 대체 ㅇ미, 팔짱 끼고 관전하는 도니와 벽하, 세상에 잠깐 사이 5대 ㅃㅃㅃㅃ빵!!! 풀죽은 백암, 연전연패! 한

세트 내주고 두 세트째 3대 빠빠빵!…… 귀청 나가는 소리! 스탱그릇을 삶아 먹었나. 저 여자가!)

노미리: "너거들! 내 말 안 들리나? 야! 머구라! (초등학교 뒷문, 문을 마구 두드린다. 일요일이라 학교에서 열쇠로 잠궈논 모양이다. 우리가 무슨 수로 열어주나. 노미리, 마치 열쇠로 열어달라는 투.)"

도니: "늦게 왔으면 다소곳한 데라도 있어야지, 미리양! 정문으로 오세요. 운봉 선배는? (공 잡는 사이 노미리 사라짐…… 머구리 원! 기가 막히게 족구를 잘한다. 날쌘 다람쥐처럼 그 센 공도 척척 받는데, 그것도 저편에 백곡까지 합심하여 우리를 압사시킬 모양이다.)"

도니: "(혼잣 말로) 이건 잘못된 만남이야! 저, 다리 굵은 백암! (스코어는 20대 20, 아니나 다를까 듀스! 도니의 족발이 허공을 가른다. 줄 네트 옆에 심판은 운봉, 모자를 깊숙이 쓰고 평상시와 다르게 눈만 보인다. 뭔가 수상한 느낌! 얇은 해가 녹색 바닥에 부딪쳐 몸이 뜨거워지는데, 마지막 한 점……. 백곡의 몸을 던지는 한 수! 백암이 쫓아가는데 역부족, 백암의 한탄 소리!)"

백암: "야! 이 새끼야! 좆짜뷰……! $! &&& ! (공이 워낙 낮게 깔리어 허허허헛발지지지질, 그런데 이 또 무슨???)"

노미리: "아이구야! 나 죽네! 너거들이 결국 나를 …, 뭐하노? 꺼내줘! 제발! @""@""@ ☆ ☆& 머구라, 운봉, 도니야! 으으흑 으으흑 엉엉 아이구야……."

(일곱 명의 머구리들이 멍하니 쳐다본다. 애들이 노는 놀이터에 스탠리스 박스, 그물같이 연결되어 있다. 월남 치마를 입은 노미리, 앉아 있다가 날아오는 공에 그만 뒤로 넘어지며, 박스에 끼여버렸다. 이쁜 허연 다리 내놓고 발버둥, 7인의 머구리 달려와 졸지에 구조작업!)

운봉: "노미리, 괜찮나?"

(털고 일어나며 입이 뾰로통해가지고)

노미리: "내가 괜찮게 보이나? (시선에 비수를 던지며) 누구야? 공찬 놈이? ……?????"

(머구리들은 하나같이 한 명을 쳐다보는데, 성깔 사나운 노미리의 노발대발을 피해 가려고, 원망의 눈빛에서 저주의 눈빛으로, 그것도 안 되면 마지막 카드, 먼 산 바라보며 한 사람을 가리킨다. ☞ ☞ ☞ 백곡!!! ☜ ☜ ☜)

히스테리 여왕

사랑을 구걸하여서라도 얻을 수만 있다면, 그 어떠한 고난과 역경까지도 참을 수 있다. 험난한 여정이 기다리는 겨울날의 플랫폼! 어느 신사의 모습이 보인다. 말쑥한 양복에 평소에 말이 없는 표정, 어떻게 보면 늘 있는 그대로의 모습인데, 지나는 사람들은 점잖은 신사로 조금 오해하며, 오늘따라 안절부절못하는 몸동작은, 알 수 없는 노릇이다.

신사는 서울에서 오는 누군가를 기다리고 있다. 겨울 눈꽃이 조금씩 철길을 따라 역사를 에워싸며, 눈이 큰 사나이의 어깨에 연신 내렸다가 녹기를 반복한다. 손으로 털어낼 정도로 굵은 눈발이 발아래 흩어진다. 지난 일들이 주마등처럼 일어나 사라지기를 몇 번이나 계속되고 있다.

신사: "사랑합니다. 그냥 우리 얼굴 맞대며 살아보는 것도

하나의 인생! 사랑에 이유 있습니까?"

겨울눈: "그래도, 사랑이라면 서로를 알 때까지, 기다림도 있어야지요. 안 그래요?"

신사는 역으로 들어오는 열차를 보고 있다. 벌써 2년 전 얘기, 그때나 지금이나 달라진 건, 지금은 겨울이고 그때는 한참 여름이었지, 갑자기 며칠 전 일이 쓴맛으로 느껴진다.

겨울눈: "엄마가 노환이 심해 서울집에 갔다 와야겠네. 같이 갈래요?"

신사: "아! 이번 토요일에 약속이 잡혀 있어서 같이 못 가겠네. 미안해!"

겨울눈: "약속은 지켜야지요. 그럼 혼자…!!"

그냥 따라갈 걸 그랬나. 이 추위에 혼자 택시 타고 다닐려면 서글픈 마음도 들겠지. 다음부터는 꼭 같이 다녀야지. 그래, 어깨에 힘이 들어온다. 열차는 서서히 서고, 차 안에서 줄을 선 사람들, 눈처럼 하얀 외투를 입은 여우 털에 묻힌 겨울눈이 두리번거리다 신사를 본다. 깊은 눈에는 벌써 아쉬움과 석별이 남아 있다. 겨울눈의 표독한 바람이 플랫폼에 한번 불어닥치며,

신사: 겨울눈, 잘 갔다 왔어요? 엄마는 좀 어때요?

겨울눈: ……! …! … (이쁜 얼굴이 달아오르며 무슨 말이 나올 것 같다.) 우리… 그냥…… 헤어져요……?

신사: (눈을 찡그리며) 왜요? 같이 안 갔다고 화났어요 나 또한 약속……

겨울눈: 맞아! 그 약속! 내가 중요한 게 아니라 친구와의 약속이 더 중요해! 그전에도 그랬어. 이제, 다 알 것 같아. 늘 그렇게 해왔어. 나도 모르는 사이! (숨도 안 쉬고 말총을 쏘고 있다) 그래도, 나는 할만큼 했어. 더이상 어떻게 해. 열차로 오면서 생각했지 ……. 이제 그만하자 진짜!

거세진 눈들이 머리카락에 붙어 겨울눈은 눈사람이 되었다. 거기에 눈물까지 웬 청년이 쳐다보며 지나간다. 신사의 황망한 눈빛이 플랫폼의 눈처럼 하얗게 변하여 당황하는 그림자들, 겨울눈은 하얀 외투를 접으며 대합실로 들어섰다. 황급히 따라들어온 신사! 겨울눈의 손을 잡는다.

신사: "겨울눈, 이렇게 가버리면 어떻게 해요? (손을 획 뿌리치며 겨울눈 큰소리로 대합실을 압도한다.)"

겨울눈: 사람 귀찮게 하네! 싫다면 싫은 거지. 왜 구질구질하게 따라 붙는데! 언제는 사랑 타령 늘어놓더니만 다 헛말이고, 욕을 안 할랬더니 만. 니가! 뭔데! 울 엄마! 아파

다 죽어가는데……, 같이 가자는 것도 죄야!

(사람들이 웅성거리고 고함소리가 나니 경찰관이 왔다. 겨울눈의 눈빛이 더 커지고 맑다.)

겨울눈: "경찰관 아저씨, 이 사람 따라오지 못하게 해주세요. 양복만 쭉 빼입었지, 스토크예요. 스-토-커!!!!!"

(사람들 사이를 비집고 사라지는 겨울눈… 멍청하게 쳐다보는 신사와 경찰…….)

말을 많이 한 머구리 원은 물을 먹는다. 투와 쓰리는 신사와 겨울눈이 누구지? 서로 얼굴을 쳐다본다. 머구리 원은 입을 한번 닦고는…,

머구리 원: "너희들, 신사와 겨울눈이? 궁금하지? 그러면 소주 한 병!"

쓰리: "그래 한 병! 그게 뭐라꼬, 두 병도 아니고……."

투: "어째, 분위기 이상하게 돌아가네. 형님, 그 두 명이…?

머구리 원: 그게 말이야, 발설하면 나는 죽은 목숨이야. (귀를 가져오라고 손짓한다) 바로, 운봉과 히스테리 여인 노미리의 합작품!!!"

(말을 듣는 순간 머구리 원은 밖으로 나가고 투는 설거지 쓰리는 다시 이불 속으로)

4G

스마트 폰에 환장한 사람들, 시대를 앞서 가는 느낌, 필름에 담긴 자신을 발견! 깜짝 놀라 쳐다보니 2013년! 미래로 가는 폰! 5월 27일 오후 3시 53분! 비가 내린다. 뿌연 바다를 배경으로 놓아버린 사랑이 물빛에 어른거리며 자욱한 안개에 시간을 쓰고 있다.

마음은 비를 따라 과거로 돌아가 감미로운 물의 잔치가 애무하는 검은 그림자! 어둠에 앉아 3G에 불을 밝히고 폰 상의 우주 끝자락을 붙잡아 한자씩 적어나간다.

얼굴에 묻힌 비는 피부에 스며들어 반짝이는 스마트와 사랑을 나누듯 속삭이며, 어느 한적한 빗속의 여인이 두 남자와 걸어가고 있다.

남자1: "이런 빗속에서 해안을 걸어가는 것도 멋진 경험이네,

저기 보이는 하얀 파도! 고요 속에 앉아 있는 벤치!"

남자2: "시간이 나면 이런 곳에서 데이트? 손 한번 잡자, 어엉?"

여자: "너ㅁ사스럽구로, 그냐앙 거언자. 바라미 념 시원해." (혀 짧은 여자는 안개가 다가오는 줄도 모르고 피싯 웃음을 자꾸 흘린다. 노란 비옷에 빨간 입술이 저 멀리 빨간 등대와 어울려 남자2를 조금은 이상한 쪽으로 빠져들게 한다)

남자2: "저기! 저기 보이는 게 뭐지?" (여자가 돌아보는 순간 안개가 앞을 가린다. 남자2의 뜨거운 포옹! 화들짝 놀란 여자, 싫은 표정, 좋은 표정으로 남자1을 자꾸 흘겨 본다)

여자: "나ㅁ자들은 다 그래! 여기 두 사라ㅁ도 또ㄱ같애."

(웬 노랫소리 ♬♩♪♪♪ 아름다운 멜로디에 비는 내리고 여자는 스마트 폰을 받는다.)

언니: "애, 전화 폰을 바꿨으면 번호를 가르쳐 줘야지…?"

여자: "아니, 어ㄴ니 이번에 보지로 바뀌는 바람에 …… 그렇게 돼어ㅆ네."

(이 무슨 말인고 보지라! 포지인데 발음이 똑 거시기 같네. 이 예쁜 얼굴에 보지가 뭐꼬? 할 말이 없다. 멍청이 남자1, 2 입 벌려 안개를 먹고 있다)

여자: "어ㄴ니, 언니도 보지로 바꾸세요. 요즘 조ㅎ은 보지 마ㄴㅎ아요. 예, 너무 이뻐요."

(남자1, 2 졸도 하시겠네. ㅍ과 ㅂ 발음이 그렇게 안 될까? 포___지 이러면 될 것을….)

남자1: "자 한번 해보세요. 이렇게 입하고 혀를 약간 동그랗게 해서 포…지, 자 따라 하세요."

(순진한 여자는 발음교정을 하려고 우산을 든 채 크게 따라 한다. 먼저 입술을 동그랗게, 혀는 둥글게……)

여자: "뽀~~~뽀~~~ 뽀 ~~~뽀-지!!!"

짱게 네 그릇

여름이 다 가고 해는 떨어져 이파리 노랗게 물들면 가을이 집으로 찾아와 햇빛이 제법 길게 드리운다. 어떨 땐 옛 임이 생각나 침상에 앉아서 그리움 불러 보고, 추억을 되새겨 보는데, 누가 찾아왔다.

도니: "동생, 있는감?"

넌지시 부르는 목소리 부시시한 눈으로 돌아선 골목길을 본다. 까만 안경에 마른 체격, 눈빛에 흐르는 다정다감, 애법 찬바람 부는 모퉁이에서 멈추어 섰다.

도니: "계절이 가는 소리, 바람 소리, 지는 잎은 우수수, 오는 서리 으스스, 쌓이는 단풍 고독하게, 이파리 다 보내고, 동생과 나!"

머구리 원: "형님이 어쩐 일로? 저의 집까지 찾아오시고

이렇게 황망할 때가!"

도니: "오늘 쉬는 날이라 한번 와봤지. 그래 투, 쓰리는?"

원: "아, 예, 인력 갔습니다. 저거도 먹고 살아야지예."

갈잎이 하나, 도니와 원을 맴돌며 갈지자를 긋는다. 허전한 마음 쓸어내리는 가을의 문턱! 햇살은 색깔을 입히듯, 쪽방 같은 하숙집을 노란 잎새로 덮고 있다.

원: "형님, 우리 하얀 등대로 산책이나 갈까요? …… 날씨가 … 멋진 아침입니다."

(집 몇 채를 뛰어넘어, 예술회관이 큰 돛을 단 듯, 바람을 모으고 있다. 도니의 눈에 풍랑을 맞이한 배가 악전고투 끝에 아침을 맞이하는 장면이 연출되고……)

도니: "… 그… 그래… 음… 아! 이 가을 냄새! 저 앞집에서 갈잎을 태우네!"

장승포는 일요일이면 몸살을 앓는다. 외지에서 관광차가 들어와 알록달록 옷을 입은 화장한 여자들, 차 안에서 벌써 고주망태가 된 붉은 얼굴! 한길에 얇은 자리 깔고 이 여자 저 남자 낄낄대며, 김밥 먹고 소주 한잔, 빨간 매니큐어 은박지에, 창이 넓은 파란 모자, 매표소가 원형으로 들어오는 갈색 선그라스! 사람들이 줄을 선 외도 선착장을 뒤로하고 도니는 바다를 보고 원은 땅만 보고 있다.

도니: “오늘 구름 한 점 없네. 저기 하얀 등대에 낚시꾼들이 제법 왔구만 공기 시원해서 조오타!”

푸른 하늘이 내려온 바다, 머구리에게는 영 신통찮다. 1구에 있는 하얀 등대, 5구는 빨간 등대, 손을 둥그렇게 하면, 왼손은 빨강, 오른손 하양, 시퍼런 하늘과 어울려 어느 이름 모를 무인도! 여자의 살빛! 바람이 만든 모래언덕! 하얀 파도 밀려와…… 저기… 가을 한자리에… 연인의 속삭임…… 등대… 하얀… 여인… 바~다… 또… 한 소녀….

도니: “동생, 저기 등대 앞에 서 있는 여자? 누구……성자 아니가?……응?”

(그 파도가 몰아치듯 뜨는 눈동자! 누구냐? 나의 심을 이렇게 들쑤시는 아! 피를 보아야 알 수 있는 사랑의 시작점! 분명 좋은 감정이렸다!)

원: “예, 맞네예. 맞어… 옆에… 엥?… 딸이네… 선이 말입니다.”

하얀 등대로 산책 나온 모녀! 빨간 등대를 바라보며 물살

치는 배를 따라간다. 성자의 하얀 블라우스, 선이의 노란 자켓, 하얀 등대를 돌아가는 백 갈매기의 비행! 파도 넘실대며 낚시에 빠진 사람들은 지나는 배가 내뱉는 고동소리를, 자신의 먼 미래가 돌아와서 거울 앞에 선 느낌! 천국은 한 번씩 지상에 내려와 빛을 던지는데, 성자의 가슴에 소롯이 느껴지는 선이의 눈망울! 온통 파란 세상에 하얀 등대를 거니는데…….

원: "성자, 어, 선이네! 등대에 우짠 일로…!"

성자: "도니 오빠도 왔네! 어! 원이의 옷이 오늘 장난이 아냐! 파란 청바지에 자켓이 너_무 어울리네. 멋져! 평소에 그렇게 입고 다녀. (자꾸 웃음이 나는지 보조개가 쏙 들어간다)"

선이: "아저씨 자켓이랑 내 꺼랑 비슷하네."

원: 고~~~~~퀘, 좋았어

땅만 쳐다보던 시쭈구리가 어디서 힘을 받았는지, 자켓을 펄럭거린다. 좌로 한 스텝 우로 한 스텝, 한바퀴 돌면서, 활시위 한번 땡기고, 막 등대를 향해 뛰려고 하는데, 어디선가 바람 소리! 휘이익 휘이익! 휘… 이… 익크… 머구리 원을 휘어 치는 낚싯줄! 딸가닥 걸린 바다빛 바지! 굵은 손에 잡힌 낚싯대를 사정없이 바다로 던지는데, 아! 외마디 비명!

원: "아이고야, 이게 뭐꼬? 이런 개망신을… 어…야…."

(보이지 않는 줄! 꽈당~ 탕~ 탕~ 땅~ 낚시줄에 걸려 웅덩이에 그대로 자빠떠링! 벌떡 일어선 머구리 원!)

원: "에이, 젠장 된장 고추장! 쌈장!!!!! 아저씨! 다음에 그러면, 진짜 혼내줄껴!"

(물에 젖은 바지! 성자가 손수건을 건넨다. 선이의 웃음이 그칠 줄 모른다. 참 좋은 아침, 햇살이 사랑을 가져와 방파제로 알을 품는다.)

원: "선이야, 기분이다. 아저씨가 짱게 네 그릇! ♨ ♨ ♨ ♨ 쏜 》》ㄷㄷ DDD ㄷㄷㄷ다. 와 이래 기노?… 짱게 네 그릇 뿐인데!"

달공과 빗자루

어디서부터 얘기해야 할지 갑자기 말문이 막힌다. 내가 달공을 안 지는 제법 오래된 것 같다. 대략 5년 정도, 자주 만났던 사이는 아니고 운봉 선배를 통해서 1년에 한 번, 아니면 두 번, 잊을만하면 기억나고, 기억하면 쉽게 잊어버리는, 잘생긴 얼굴도 아니고, 키도 작고 마른 장작형에, 무심하게 바라보는 초점 없는 눈동자! 어째서 달공이 되었는지는 알 수 없는 노릇, 처음 몇 해 동안 기억나는 거라곤 목소리, 마른 장작이 아니라 마른 스텐레스를 쇠기둥에 때리는 소리!

달공: "야! 너거가 뭘 안다고 까불어 쌌노! 아무것도 모르는 것들이!"

얼떨결에 따라갔던 축구동호회 회식자리, 선배와 달공이

회원이었다. 내 바로 앞에 앉았다. 성질 사납고, 귀도 아프고 자기 말만 기본 30분, 뭐 이런 친구가 다 있어! 속에서 나오는 말이 선배를 보는 순간 누그러진다. 선배를 봐서 그리고 초면에 조심해야지, 말 많은 사람에게 빌미를 제공하면, 방앗간에 떡 신세 되기 십상, 머리숱에 허연 알밤이 약간 둥글게 퍼져, 꿂가 집을 짓고 있는 형국, 장승포 옥림 고깃집에서 첫대면을 하고 나서, 있는 둥 마는 둥, 여러 해가 그냥 지나간다.

훈장: "여! 도니 동생, 오랜만일세··· 여기··· 이 친구는······!"
도니: "아, 예, 알고 있습니다. 그동안 여러 번 만났어요."

약간 붉은 다운 라이트가 탁자와 얼굴들을 비추어, 벌써 술을 많이 먹은 애주가로 탈바꿈시킨다. 달공은 나를 보자 말문이 트이는지, 한 번씩 보던 사람, 글을 쓰는 시인으로, 경계대상에 들어가는지 살짝 암시를 주고 있다.

훈장은 중간에서 달공 편, 알고 보니 같은 친구고, 회사에서 반장을 맡아 하며 특이한 것은, 역사 이야기라면 거의 달변에다가 지식이 많다나, 어느새 달공을 띄우기 시작한다. 조광조가 어떻게 죽었는지 역사의 평가는? 나의 귀가 잘못 들었는지 발음상의 문제인지 잘 모르겠다.

정확한 것 같으면서도 어설프게 들린다. 다시 가까이 다가간다. 얼굴은 훈장 쪽으로 귀는 달공으로 그런데, 옆 얼굴을 한 대 맞을 뻔했다. 아하! 제스츄어! 유별난 동작이 계속된다. 왼 손가락을 펴서 비비 꼬듯 돌리다가 한번 그어주고, 오른손은 더 큰 반원형을 그린다.

생각해보라! 이 좁은 탁자와 의자 사이! 자세히 들으려고 가까이 앉은 나의 반쪽 얼굴! 거기다 침까지 그러고 보니 무슨 말 하는지도 모르겠고, 재빠르게 구슬치기하듯 따먹고 달아나는 달공! 혼자 얘기를 계속하고 있다. 꿀 먹은 벙어리처럼 훈장은 이 분위기를 아는지, 이야기의 끝을 가름하고 있다.

달공: "마, 말이야, 지가 잘해야지 누가 할 기고. 그런 사람은 아닌 나, 죽어도 안 된단 말이야. 내 말 알겠나? 모르겠나?"

언제 회사 이야기로 돌아왔는지 조금 전 역사 이야기에서 쥐도 새도 훈장도 모르게, 이런 걸 즐기는 혹시? 스타일? 나의 어깨를 슬쩍 건드린다. 달공의 오른손이 나에게 왔다가 돌아가는데, 과실인지 고의인지 맥주가 반쯤 담긴 유리컵을 엎지른다.

훈장: "아이구, 술 쏟는다! 어이, 올래 사장, 걸레! 도니

동생, 옷 버린다!"

술은 탁자를 노랗게 물들이며 잠시 소강상태에 있다가, 숨을 한 번 쉬고 서서히 흐르기 시작, 걸레를 들고 오는 올래 사장의 반들거리는 참머리를 보고 있는 사이, 금빛 술은 옷으로 낙하하기 시작한다. 그것도 아주 슬그머니, 달공의 손놀림 만큼이나, 이제는 상당히 고의성을 갖고, 올래 사장이 걸레로 훔친다. 눈은 달공에게 독화살을 쏘듯 쳐다본다.

하지만 저! 태연한 달공! 나를 밀치고 화장실, 어째 당했다는 기분이 훈장 얼굴에도 올래 사장 손에도 있는 것 같다. 머리에 물기를 바르고 돌아온 달공대사는 조금 차분해졌다. 그리고, 기상천외한 말 한마디!

달공: "달공과 빗자루!"

무슨 화두 같기도 하고 절에서 나오는 마법사와 빗자루! 고승이 동자와 말 따먹기 하는 그림이 그려지는 것 같다. 눈에 초점이 흐려지며 눈 전체가 하얗게 변한다.

달공: "이 말을 제목으로 글을 쓰면 어떨까?"

자기 가슴을 치며 오른 손을 뻗치는데 하마터면 술잔을 엎지를 뻔했다. 어휴! 이거 신경이 쓰여서… 탁 스르르… 퍽! 아니! 이건 뭐야! 결국 자기 잔을 다 쏟았다. 마치 빗자루

쓸듯이 하나하나 쓰러뜨린다. 열이 난 건 올래.

올래: "전번에도 잔을 두 개나 깨더니만… 아!… 열! 좋아… 한번만 더하면 진짜… 청소시킨다… 내가 요참에…! !!!"

올래사장 고개 흔들며 돌아서는 찰나, 뒤에 서 있는 시커먼스! 머구리 원이 그 특유의 차렷자세 거수경례! 순간 놀란 훈장은 다시 눈에 힘을 빼고 오른 손으로 쉬어!

훈장: "머구리 원이 우짠 일로… 한잔 받게. 잘 왔네. 한참 이야기 꽃을 피우고 있는 중이라네."

원: "그럼 저도 낑기가꼬! 한 말씀 드려야지요."

달공: "야! 머구리 원, 내 말 들어보래이. 여기 시인한테 '달공과 빗자루'라는 제목으로 글을 부탁했는데. 어찌 생각하노?"

원: "고상한 제목입니다. 달공은 그렇다 치고 빗자루까지……."

맞아 달공은 뭔가… 그래도 회사에서는 유명인사 아닌가? 아무리 생각해도 빗자루는 좀…! !… ! 순간 필링이 온다 조금 전 올래의 말! 한 번 더 맥주병 깨면 청소시킨다! 눈이 조금 커지며 벌써 글을 쓰고 있는 나의 모습이, 맥주잔을 유심히 보고 있다. 그러면 다음 단계를 펼쳐야지. 어디서 단서를? 그래 머구리를 부추기는 게 아주 부드럽게 접근하는 방법이겠지. 먼저 훈장에게 노미리(히스테리 여왕의 주인공)에 대한 얘기를 곁들이며 여자의 섹시미를 얘기한다. 그러면 분명 훈장 한 마디, 머구리 원 두 마디……? …! 자칭, 여자 박사! 역시 달공은 기다렸다는 투로 그 좋아하는 여자 이야기에 목소리 톤은 점점 높아지고, 팔 동작 세게 나가는데 딱 걸린 맥주병! 그것도 탁자 위를 빗자루로 쓸듯이, 밀어버리는 달공과 빗자루! 술은 술대로 병은 병대로 우리는 우리대로 일어나 구경한다 올래와 달공의 한판!

올래: "이제 손님 다 떨구고 어쩔 건데? 달공은 기분 좋은 밤이고… 그럼… 나는? 아까 얘기했던 거 진짜다. 당장 청소해 안 그러면?"

손가락을 살쾡이처럼 깔구리를 만들어 달공의 조그만 얼굴을 긁어 내릴 참, 달공은 무대에서 객석을 보고 있다 객중에 한사람, 연출자! 연출자가 눈치를 준다.

달공: "그래 맥주값 얼마고?"

올래: "돈은 필요 없고 청소하기로 했잖아! 한번은 시껍을 해야지. 나 독하거든. 달공! 청소 청소 청소!"

달공: "여기 오늘 계산! 여기까지야, 훈장! 가자! 나의 스위트 홈으로!"

연출자는 뭔가 빗나가는 느낌을 받는다. 이쯤 해서 빗자루를 들어야 하는데 영 아니다. 우리는 못다 한 얘기를 다음으로 미루고 찬바람 속으로 어둠을 가르며 헤어졌다. 그날 나의 머리에 남아 있는 빗자루의 그림자! 까까머리를 한 달공 뒤에서 아양 떠는 수많은 여자들! 쬐그만 달공을 따라다니는 맥주병들의 사열! 그리고 빗자루를 든 성난 올래! 잠을 청하지 않아도 잠을 잘 수 있는 것은 바로, 행복!

연출자: "그래, 그럼 그렇지. 달공의 멋진 빗자루가 나의 다리를 쓸고 있군!"

며칠 뒤, 머구리 원의 얘기… 청소사건… 바로 다음날, 해거름에 가게 입구를 털어 막고 있는 이름 모를 헐크! 심장 약한 올래는 두 근 반 세 근 반 ⊙" ⊙" ⊙" 누구시냐고 막 물으려니, 짜잔! 이게 누구야? 달공! 헐크에 가려진 빗자루의 주인공! 이래 보니 싱겁기도 하고 귀엽기도 하면서 별종은 분명한지라,

달공: "어제의 무뢰를 용서하오. 그래도 말은 많아도 지키려고 노력한다오. 올래 낭자! 그래 어디를 긁어 줄까요? ……? …! 들었지? 헐크, 삽삽이 청소해 주거라. 올래, 신경 쓰지 말고 커피 한잔 먹고 있으세요. 우리의 헐크, 청소

하나는 댓길이니까!"

올래, 얼마나 우스운지 한쪽 의자에 앉았다가 연신 왔다 갔다. 달공은 지시, 헐크는 청소, 잘한다 잘해 그런데 갑자기 손님이 들이닥쳤다. 밀대를 들고 들어오는 헐크! 손목이 얼마나 굵은지 불끈 쥔 손을 봐버린 두 명의 간 작은 친구들, 실실 쪼개며 눈을 깔고 올래 안중에도 없이 나가버린다. 쫓아나가는 올래, 밀대로 바닥을 미는 불도저와 달공 그리고 빗자루! 조금 뒤… 씩씩거리며 돌아온 올래 사장!

올래: "내가 미쳐!!! 몇 달 만에 찾아온 손님을… 헐크… 그래, 좋아 한날은 술병을 날리고 한날은 손님을 보내고 잘한다. 안 그래도 열 받는데 너거 죽어봐라!"

드디어 떴다 빗자루를 든 여인, 올래! 헐크는 괴물의 모습으로 변할까 두려워 일찌감치 도망가고, 달공은 보도블록에서 올래 달랜다고 그놈우 빗자루를 들고 있다. 그리고 마지막으로 연출자를 한번 보고는 못마땅한지,

달공: "달공과 빗자리~~이!!"

악을 쓰는 모습을 보고 연출자는 흐뭇해한다. 그 뜻은 다음에도 이용한다는 말!

월하의 공동묘지 1

파란 해골 13호가 하와이 간 뒤로 백곡은 여전히 조선소를 다니고 머구리 원 투 쓰리는 이일 저일 쪽집게처럼 뜯어 먹으며 산다. 공동묘지에 늘 붙어 다니는 부부가 살고 있었다.

그날은 부슬부슬 내리는 비로 땅은 음침하게 젖었다. 택시기사 머구리 원이 예정대로 같은 코스를 돌고 있다. 웬 하얀 소복을 입은 여인! 하얀 손을 흔든다.

"야, 오늘 왕재수네. 묘지에 태울 사람이 줄을 섰구만!" 어여쁜 손이 장미 가시처럼 차 문에 뻗쳐 오른다.

"손님, 많이 기다렸지요. 앞 손님이 많아서…. 어디로 모실까요?"

앵두 같은 입술이 비에 젖어 더욱 섹시하다.

"월하의 공동묘지!" 한참 운전 중에 이상한 생각이 들었다.

머구리 원의 째진 눈이 백미러를 본다. 아니! 여자가 없다. 고개를 돌리니 요염한 손이 유리에 낙서를! 빗방울은 더 커져 앞도 분간 못 하고, 뒤에서 점점 다가오는 월하의 미인! 그리고 부들부들 떨며 돌아서는 머구리 원, 순간 덜커덩하고 가슴 내리 앉는데,

"아니, 이건 또 뭐야! 공동묘지에서 빵구라니!"

투, 쓰리는 머구리 원의 제보를 받고 레커차를 몰고 가는 중이다. 운전하는 쓰리는 자꾸 뒤를 본다. 아무것도 없는 뒷좌석에 신경이 곤두서있다.

윈도우 브러쉬의 찍찍거리는 소리가 어두운 차 안에서, 내 여기 있어! 너거 뭐하니! 미러에 비친 안경 낀 남자! 쓰리는 놀라 뒤를! 투가 자면서 헛소리를 지른다.

"야, 임마, 여기야! 차 세워!"

쓰리 놀라서 브레이크를 밟으니, 라이트를 켠 머구리 원이 있지 않은가. 홀로 비를 맞으며, 손님은 온데간데없고, 재빠르게 내린 쓰리는, 타이어를 교환했다.

손을 빗물에 씻으며 "다 고쳤습니다. 머구리 형님!" 하지만, 쓰리는 여전히 뒤를 본다.

투는 안경다리를 하고 오징어 씹듯이 세상 모르게 자고 있다. 머구리 원은 손님을 기다리다, 뒤늦게 출발했다. 그런데

저기 숲 속의 공동묘지로 향하는 두 남녀, 라이트를 켜니 슬며시 돌아본다.

“고마워, 머구라!” 화들짝 놀라, 고강도 불빛!

“아이구야! 로망스 누님, 옆에… 영수 아이가…, 그런데, 언제 이사 왔지?”

월하의 공동묘지 2

그날은 달빛이 오묘하게 비치는 보름이었다. 옥수동 번화가로 간다는 것이 공동묘지가 있는 장승포로 가게 될 줄은 꿈에도 몰랐다. 머구리 원은 달빛 춤추는 고개를 넘어간다.

"티얼즈 인--헤븐…?!!"

달빛인지 손빛인지 마치 구름처럼 흔든다. 아! 또 여자인가! 무서운 여자! 차를 세웠다. 창문이 미끌리듯 앉는다. 하얀 보름달 같은 여인이 다소곳이 쳐다본다. 하얀 드레스에 빨간 가방을 든 여인이, 긴 머리카락을 깔고 앉는다. 머구리 원은 갑자기 숨도 못 쉴 소름이 느껴진다. 하지만 여인의 눈빛을 본 머구리 원은 점점 황홀감에 빠졌다.

"내가 이 바닥에 알 만큼 아는데…. 처녀 귀신님! 너무 아름다우십니다."

"………"

수준에 맞지 않는 클래식 음악, '월광'을 틀었다. 달은 고개를 넘어가고, 달빛은 월광을 싣고, 사슴 같은 목을 타는데,

"어여쁜 처녀 귀신님! 어디로… 혹시, 월하의 공동묘지로… 모실…??"

눈에 피는 피 같은 눈동자! 그 붉은 입술에 달빛 머금고,

"뭐라! 다시 얘기해 봐? 너! 가만히 보고 있으니까, 내가 귀신인 줄 알아! 이런 머저리! 나! 사람이야! 빙신아! …."

입을 벌리고 눈도 감지 못하는 머구리! 이런 일이 생기다니! 귀신이 하도 많아 헷갈렸다. 그러면, 왜 묘지에서 탔지? 이쁜이 말로는, 노래방 도우미로 산 사람을 불렀는데, 실컷 잘 놀고, 마지막 계산! 돈이 전부 걸레였다는 말! 기가 찰 노릇이다. 그래서 도망쳐 나왔단다. 와우! 갑자기 옷을 벗는데 그 늘씬한 다리! 허리 곡선! 핫팬츠로 갈아입은 도우미는 귀신분장을 했던 머리를 땋아서 늘어뜨리고,

"옥수동 가자! 머저리야!"

진짜 머구리가 된 머구리 원이 물었다.

"도대체 도우미를 누가 불렀는데?"

그 앵두빛 달그림자는,

"누구긴 누구야! 로망스지!"

로망스

긴 여정 끝에 당도한 곳은 푸른 바다가 밤과 낮으로 밀려오는 해안이었다. 금빛이 땅으로 스며들어 길가에는 일찍 나온 코스모스가 하늘을 쓸고 있다. 바람이 간간이 불며, 엷은 손가락 사이로 입을 맞춘다.

그 여정은 쉽지 않았어. 세상은 남과 여의 독무대, 남자의 거친 저음과 여자의 매끄러운 높은음! 살아온 날들은 꽃이었고 살아갈 날들은 오솔길! 그래, 아름다운 여정은 지금도 계속되고 있는 거야. 한때의 꽃다운 사랑에 얼마나 눈멀었던가! 하지만 후회는 안 해.

젊음의 샘에서 나오는 순수의 열정이 나의 입술에서 나와 흰나비가 봄을 만난 듯 어지럽게 날아다닌다. 여자이기 이전에 나 자신이었다. 영혼의 소리가 밤과 낮으로 깊은 물 속처럼, 꿈으로 돌아오는 거울의 환상이여!

쥐어짜는 인생이 사막에 있어도 깊고 푸른 눈빛은 사랑이라는 마지막 그 한마디, 누구 아는 사람 없어도, 나의 싱그러운 정원은 장미로 가득하지. 달콤한 인생의 향기여! 사랑의 로망스여!

한 번의 진한 이별이 있었다. 눈물을 흘리며 뛰쳐나오는 로망스의 뒷모습은, 허탈한 여인의 한이 아니라, 열정이 살아 숨 쉬었던 인생의 쓴맛이었고, 그토록 보고 싶었던 오솔길이지 않은가! 그리고 긴 시간이 그렇게 빨리 지나갈 줄이야, 모르는 곳으로의 긴 여행이 답답할 때도 있었지만, 소로시 차지하는 놓치기 싫은 인생!

멈칫거리는 눈빛이 과거의 아련한 추억을 가져온다.

"어제…, 일은 미안했어요. 감정이 북받쳐서 나도 모르게…." 왼손을 살짝 허리에 얹는다. 로망스는 미안한 마음을 수에게 전한다. 소동에 있는 아파트에서 깊은 눈동자에 연민을 채우며, 사랑이라는 한마디가 듣고 싶은 로망스!

"괜찮아요, 내가 오히려 부끄럽소. 남자가 이렇게 속이 좁은 줄, 자신도 몰랐으니…… 다음부터는 그러지 않으리라."

살아가는 방법이 너무나 틀린 두 사람은 요근래 말다툼이 잦았다. 목소리가 높고 히스테리가 살짝 섞인 여자와

과묵하지만 구렁이 담 넘어가는 듯한 남자, 한판의 대결이 어떻게 될까? 예민함이 부딪히면 제일 흔한 밥그릇 날아가고 전기밥솥에 기차 소리! 칙-칙, 시끄러워도 밥에서 나는 고향의 향기를 지울 수 있을까? 타고날 때부터 가지고 온 사랑이 꿈틀대면, 가슴으로 전해오는 찡한 마음이여!

"서로 이해하려고……."

"예, 알고 있어요, ……. 로망스, 사랑합니다."

하얀 드레스 같은 커튼이 햇살을 걸러, 맑은 장판에 색깔을 넣는다. 수가 서 있는 뒤로, 터가 넓은 소동의 나무들이 시원하게 떨어져 있다. 지세포는 한참 개발 중이다.

대명콘도가 멀리서 파도를 안고 달리듯, 새파란 파도 외벽이, 휘어진 활처럼 요트를 탄다. 콘도의 커피숍에서 로망스는 높은 천장을 보았다. 이글거리는 태양, 뻗치듯 내뿜는 곡선의 빛이, 돔에서 내려와 갈색 맥주에 비친다. 수의 큰 눈이 비스듬한 대형유리에 가 있다.

다시 돌아온 로망스를 찬찬히 둘러본다. 그녀와 지세포, 소동, 콘도의 시큼한 바닷냄새!! 무엇인지 매끄러운 잔디를 맨발로 밟고 가는 느낌, 로망스의 새까만 눈동자가 반짝인다. 다시 만났습니다. 어디서 본듯한 사람인데 어디에서 보았는지 알 수 없어요. 시간이 벽을 넘도록 기다려야 했던, 까마귀 같은 날들이 장맛비가 오듯이 쏟아져 어여쁜 시냇가 다 쓸어버리고, 하얀 새 한 마리 날아들더니, 그대인지 눈여겨보고 눈시울 붉히는데, 분명 한번 보았던 사람, 로망스와 수!

시절은 가을이 시작되는 푸르고 푸른 가을 하늘, 능금이 붉은빛을 내는 나잇살에 들어 다소곳이 앉아 그대를 봅니다. 뜨거운 여름에 만났다면, 또 어찌 이별이 올지, 알 수 없는 노릇이라 낙엽 바스라지는 소리에 애타는 마음 금할 길 없어 긴 겨울을 준비하는 초가삼간에 따뜻한 군불을 땝니다.

몸부림치는 만남이 또 한편 시작되었다.

늘 만나고 헤어지는 깃털 같은 만남이 아니라, 애를 태우고 기다리고 달래고 사랑을 눈만 뜨면 해야 하는 12차량의 긴 열차와 같다. 로망스와 수는 알고 있다. 과거로 돌아갈 수 없다는 사실을, 앵두가 피는 시절의 숨 막히는 열정마저 가을 문턱에 감추고 길고 긴 여행에 나서야 한다.

사랑이여! 사랑아! 다시 온 사랑아! 얼 만큼 이만큼 저 먼 하늘만큼 그대의 머리카락 흙이 되어도 죽음도 나서지 못할 나의 사랑아!

꽃향기 가득한 베란다, 수와 로망스는 소동이 가져다주는 아름다운 로맨스를 끌어안고 있다.

푸른 스카프

한 평 남짓한 서재에서 얘기를 시작하려고 한다. 벌써 해는 남으로 꺾여 빗금 친 햇살이 책 속에 묻혀 있다. 왜 꽃을 두고 아름답다고 하지? 결국, 그것은 우리가 말하지 않았던가!

사람이 아름답기 때문에 꽃이 아름다운 것이다. 세상 어느 누구도 향기를 갖지 않은 사람은 없다. 개성이 표출하여 그 사람의 진면목이 드러나면, 그 짜릿한 향기는 또 얼마나 멀리 갈지….

'올래올래' 가게 앞에서 바다를 보면 지심도 가는 선착장이 보인다. 주말이면 외지에서 많은 사람들이 찾아오는데 가지 각색의 옷 무늬가 서로 어울리다 보면, 한 폭의 추상화를 그려놓은 것 같다. 납작한 배들이 줄로 이어져 오르락내리락 물 위에서 노닐고 있는데 훈장은 시간을 본다.

"지금 몇 신데 사람들이 안 오지? 시간을 지켜야 배를 타든 섬을 가든 할 건데. 나… 참! 머구리 원, 전화해봐라. 성자하고 달공한테. 빨랑?"

"예? 형님, 성자는 금방 도착한다고 했고 달공 형님은 조금 전에 전화하니까 전원이 꺼진 걸로 나옵니다. 더 기다려보죠."

바다를 유심히 보던 친구가 훈장을 돌아본다. 정죽은 지난 3개월간의 짧은 시간이 왜 그렇게 길어졌는지 반문하며 안경을 만지작거린다.

그래, 긴 시간이었어. 사건의 연속, 이 일 저 일, 한마디로 복잡했지. 달공을 만난 것도 행운이었고 훈장을 만난 것은 나에게 기회가 왔음이야.

정죽의 예리한 눈빛이 '지심도 동백섬'이라 써진 간판을 보고 있다. 시계를 보던 훈장은 웬 여인이 살짝 비치는 실크를 입고 하얀 건물에서 돌아 나오는 것을 보았다. 노란 운동화가 가볍게 길을 걸으며 머구리 원에게 손을 흔든다. 하얀 손이 훈장의 눈으로 들어와 눈웃음이 절로 난다.

"조금 늦었어요. 차가 너무 막히어, 차 안에서 한참 기다리는 바람에… 야! 오늘 날씨 넘 좋아요. 사람들이 왜 이래 많어? 저 나이 많은 노인은 스카프를 머리 땋듯이, 꼭 어린아이 같애."

성자의 영원한 팬! 원의 눈동자!

"성자야, 어제 얘기로는 선이도 데려온다고 했잖아?"

"응, 딸 말이지? 아침에 깨우니까 머리에 열도 나고 감기인 모양이야. 그냥, 집에 쉬라고 했어. 괜히 따라왔다가 지독한 독감이라도 걸리면 어쩌려구."

"그래! 잘했다. 그런데 형님은 왜 여태 안 오시는… 엥!… 저… 저…!"

달공의 출현이 붉은 장막을 걷어내고 장승포의 삐에로가 된 듯 슬그머니 걸어 나온다. 코가 안 보일 정도로 왕눈 같은 갈색 선그라스, 눌러 쓴 모자는 꼭 어린 아이가 아빠 모자를 몰래 쓴 것 같다. 반팔의 하얀 런닝 위로 그놈의 노란 조끼! 바지는 아이구야, 파란 쫄바지. 평상시에 상상이 안가는 옷차림에 성자는 기겁을 한다. 손사래 하는 달공. 훈장의 가르치는 눈이 지심도 터미널로 간다

"지금 몇 시고? … 배 시간이 얼추 비슷할 건데 빨리 표 끊자."

밧줄 심부름하는 빨간 모자가 손바닥만 한 선착장에서 확성기를 든다.

"애… 아… 아… 징…. 9시 반 티켓만 줄을 서시요."

저기 긴 스카프의 노인이 제일 앞에 서니까 마치 병아리 엄마 닭 쫓듯 따라나선다.

푸른 물은 지상에서 천상을 구현이라도 하듯 하늘을 닮아 있다.

저! 하늘에 치켜가는 구름이 마치 파도가 해안을 달려가듯 휩쓸고 지나간다. 넘실대는 바다는 꿀물을 휘저으며 굽이치는 듯 푸른 자태를 옷으로 휘감는다. 장승포가 아름다운 이유는?

누군가 물어보면 두루마리처럼 밀려오는 파도이야기가 아닌가! 햇살이 뱃전에 부딪혀 금빛으로 물들인다.

정죽은 유심히 빛을 따라가고 있다. 그의 푸른 옷이 먼 바다 빛을 띤다. 이것저것 손을 안 댄 게 없다. 하지만 모두 실패! 어떻게 이럴 수가! 어처구니없다. 아버지의 그늘에서 헤어나고자 숱하게 싸워왔던 지난 일들이 파도처럼 다가온다.

그리고 마지막 이곳 장승포!

머리도 식히고 적은 돈도 벌어볼까 하고 내려왔는데……. 어디선가 달공이 옆에 와 있다. 다정다감한 눈빛,

"정죽! 뭐하노? 혼자 그렇게 넋 빠진 사람처럼 있을래? 안으로 들어가자. 이야기꽃이 한참 벌어지고 있으니까."

시원한 바람이 의미심장하게 불어와 정죽의 마음을 흔든다.

"형님, 고맙습니다. 나 여태 살아도 형님같이 정이 많은 분은 못 만나 봤습니다. 항상 은혜를 입었다 생각합니다. 형님!"

갑자기 끌어안는 바람에 그 왕선글라스가 바다에 빠질

뻔했다. 선글라스를 다시 쓰며 "야! 동생! 힘내라. 아무것도 아닌 거 갖고… 머스마가! 가자!"

손을 꼭 쥐고 정죽을 데리고 들어왔다. 선실은 조금 덥다. 바람이 창으로 들어와 그나마 더위를 식히고 있는 것이다.

노란 달공의 조끼가 앉아있는 사람들의 눈에 까시처럼 들어온다. 훈장은 멈칫 눈치를 보더니

"너거들, 밖에서 왔다갔다하다가 물에 빠진데이! 조심해라."

"물에 빠지면 수영하면 되지. 그거 뭐라고."

특유의 손 제스츄어, 자유형을 흉내 내는데, 많은 사람이 쳐다보고 있든 말든 눈빛은 엉뚱한 천장을 보면서, 입에는 살짝 거품이 인다.

성자의 앳된 얼굴과 침침한 머구리 원은 박장대소하며 무릎을 친다. 입을 벌린 훈장은 한순간 멍하다. 달공의 손이 마치 캠퍼스에 그림을 그리는 손으로 보였기 때문이다.

오래전 나도 서양화를 그리며 여러 군데 작품을 출품하여 당선도 해보았고 시화전도 하지 않았는가! 언제부턴가 시들해져 삶이 축소되어 버렸다.

저 손은 어디서 오는지 나의 과거를 들먹이고 쥐어짜 그림의 향수를 코를 찌르도록 뿌린다. 옆에 앉은 정죽은 끊임없이 바다를 보고 있다. 머구리 원이 뒤를 돌아보니 푸른 스카프의

노인이 웃고 있다.

"저 친구, 재미있는 친구네."

누가 나서며 소리 지른다. 바다 저 밑에서 울리듯이, 마이크에서 나는 소리!

"거기! 서 있는 사람은 앉으세요! 배가 조금 롤링을 하고 있으니 서 있으면 안 됩니다."

달공이 자리에 앉자, 사람들은 재미를 잃은 듯 춤추는 바다만 볼 뿐이다. 약간의 적막감이 흐른다. 눈썹이 동그란 훈장은 새롭게 다짐하고 있다.

가오리 같은 배가 옆으로 쳐오는 파도에 크게 요동친다. 하얀 물줄기가 동그란 창에 기름을 붓듯이 달려들어 깊은 물속으로 항해하는 고래라도 되는 듯 유유히 먼 바다로 향하는 지심도 유람선! 바다 한가운데 물을 타고 가는 배는 따가운 햇살을 건너뛰듯, 물속으로 들어갔다가 물 밖으로 혀를 내밀듯, 항해를 계속하고 있다.

처음 이력서를 들고 회사를 찾아갔을 때 사람들이 다들 놀랬지, 화려한 이력, 정죽은 과거에 잘나가던 이런저런 이력들을 깨알같이 썼었는데, 조선소 외주업체인 운광기업은, 그것도 밑에 일하는 반장들은 하나같이 정죽을 자기 반으로 데려오는 것을 싫어했다. 너무 똑똑한 친구가 반으로 들어오면 자기 밥그릇을 뺏길까 염려스럽겠지만, 유독 반장 중에서 달공과 달공의 친구 훈장은 달랐다.

푸른빛을 띤 갈매기가 지친 나머지 배 난간에 부드럽게 앉았다. 정죽은 아버지를 생각한다. 그러자 시무룩해졌다. 푸드득 날아가 버리는 새의 비상! 나도 저렇게 날아갔으면…….

달공은 한때 조각에 심취한 사람답게 어떤 사물을 보면 그냥 넘기는 법이 없다. 하는 일이 전장파트인데, 전기 케이블이 지나가도록 철로를 만드는 것이다.

배의 구조는 마치 거미줄처럼 뻗어져 있어, 작업을 다 했다 하더라도 케이블과 맞지 않으면 재작업을 할 수밖에 없다. 조각을 새겨나가듯 하나하나 치밀하고 정교할수록 달공은 희열을 느낀다. 내가 할 수 있는 유일한 일은 바로 이것이야! 처음 전장 업체에 들어와 내뱉은 말이다.

역시 달공은 달공답게 일을 잘 처리했고, 사장한테도 인정을 받는 사람으로 거듭나 있었다. 정죽은 신이 났다. 달공이 정죽에게 똑똑한 만큼 일을 더 시키는 것이 오히려 정죽의 화려한 경력을 살리는 것이 아닌가?

일에 대한 그것도 막노동이 재미가 있다는 사실이 믿기지 않지만, 정죽은 좋아했다. 훈장을 만나고서 또 얼마나 기뻤던가!

훈장은 서양미술에 조예가 깊고 예리한 눈빛이 말을 하듯, 달공과는 다른 느낌이 있다. 특히 사회생활의 깊은 내막을 꿰뚫어 보는 안목은 탁월하다. 그리고 정죽이 갖고 있는 지식의 보고가 훈장에게 혹시 열쇠가 있을지? 정말 그랬다.

훈장은 강하게 어필했다.

"모든 방면에 뛰어난 동생이 왜 이런 데서 썩어야 하나? 영어를 잘하면, 배를 만드는 선주회사에 직접 이력서를 넣어보지? 한 번 깊이 생각해봐라. 정죽!"

정죽은 멍하니 옆만 바라본다. 여기까지 와서 또 한 번 도전한다는 것이 가능한 일인가? 그래 생각 외로 두 분의 형님을 만나서 든든하기도 하다.

어떻게 보면 조선소는 심플한 곳이 아닌가? 정죽의 눈빛이 살아나기 시작했다. 무엇인지는 모르나 저 밑에서 끓어오르는 역동하는 인생의 단맛이랄까! 배가 지심도에 당도할 때쯤 상큼한 바다는 심술궂은 짙은 구름으로 덮이기 시작하더니, 조용한 바다에서 성난 바다로 변했다.

선착장에 배를 접안시키는 것이 쉽지 않은지 유람선은 연신 물 속으로 들어갔다가 나오기를 반복한다. 배 앞머리를 붙이고는 나오는 사람들을 부축하고 있는데, 강한 바람과 파도가 배 옆구리를 쿡 친다. 줄을 서서 나오는 노인이 미끄러져 하마터면 머리를 다칠 뻔했다.

노부인도 다른 사람에게 의지하고 성자가 노인을 일으킨다.

“이쁜 처자가 부축하니까 기분이 아주 좋아. 그래 괜찮아. 나 아직 튼튼하다구. 그렇지 마누라?”

눈이 예쁜 부인은 지그시 남편을 쳐다본다.

오래도록 보아온 남편의 어리광! 그것이 오히려 남편의 매력이다. 하지만 세월을 속일 수 있나, 시간이 갈수록 나빠지는 건강, 일주일 전 퇴원을 하고도 지심도에 가고 싶어 부인을 다그쳤던 노인은 지금, 심장기능이 떨어질 대로 떨어져 있다. 근심 어리며 결국 그것이 사랑이라는 사실, 남편에게 보내며,

“예, 맞아요. 자기는 나보다 오래 살 거야. 걱정하지 말아요.”

노인이 아내를 덥석 끌어안는다.

일행들은 모두 모였다. 지심도 푯말 앞에서 머구리 원과 성자는 사진 한 컷, 그리고는 둘이서 벌써 앞서 가기 시작한다.

달공과 훈장, 정죽은 얘기하면서 걸어가고 제일 뒤에는 아름다운 노년의 부부가 천천히 따라가고 있다.

센 바람이 짙은 녹음에서 불어와 둘러쓴 모자가 벗겨져 길가에 나뒹군다. 하늘에서 보면 바다에 떠 있는 마음 ‘심’ 자의 섬, 지심도 혹은 동백섬, 갈지자 길을 따라 약간 높은

곳까지 가면, 그때부터 우거진 숲 사이로 시퍼런 바다가 잿빛 구름과 더불어 간간이 보이면서 산책길이 마음 다스리듯 나 있다. 한두 채 집이 길 바로 옆에 있어서 지나는 사람들이 빼꼼히 쳐다본다.

무슨 인형극 쳐다보듯,

"원아! 정말 낙원의 집 같다. 아니, 무인도에 지은 방갈로 같애. 안 그래?"

"맞아! 그렇지, 너와 내가 표류하다 이곳 지심도에 온 거야. 아름다운 해변과 하얀 집, 그리고 성자와의 아름다운 밤! 생각만 해도 아찔하구만!"

"너는 내가 그래 좋나? 뭐가 그렇게 좋은지 배에서 내린 뒤로 계속 웃고 있네."

"알면서 시침떼기는, 성자, 너를 보면 어릴 적 조개 줍는 아이가 생각난다. 푸른 바닷가 외딴 집 아이, 한 번씩 친구랑 바다에 가면 보이곤 했지. 참 귀여운 아이였는데……."

바람은 점점 강하게 정죽의 어깨를 친다. 약간 트인 바다가 파도에 휩쓸린다. 하얀 파도는 백색의 바위를 뛰어넘어 허공에서 부서지고 있다.

달공과 훈장은 회사 이야기에 정신이 없다. 정죽은 특히 훈장의 얘기를 따라가는 중이다. 다음날 정죽은 선주회사에

직접 찾아갔다.

햇빛이 하나 가득 나 있는 길을 걸어, 육중한 유리문을 열고 키가 천장에 닿을 것 같은 외국인을 만났다. 오래도록 해온 외국 생활이 몸에 뱄는지 외국인은 시원시원한 정죽을 특이하면서도 위트가 넘치는 친구로 인정했고 자기 상사에게 소개하게 된다. 역시 정죽의 파악능력은 탁월하다.

훈장은 벌써 알고 있었지만, 생각 외로 정죽은 별거 아니라고 치부한다. 이보다 더 큰 무엇, 비즈니스 그림을 아예 천장에 그리기로 한 것인지, 욕망이 꿈틀대는 것을 어찌하나!

정죽은 무려 주급 삼백만 원의 일자리를 하루 만에 얻어냈다. 강풍이 오솔길을 밀어내며 후박나무를 흔든다. 세 명은 모두 후박 밑에서 서로를 응시한다.

넉넉한 나무의 결이 끈끈하게 이어져 마치 끝없는 길에 나선 아름다운 오솔길 같다. 이 작은 섬에 꽃과 나무는, 식물원 같은 분위기를 연출하며, 빽빽한 잎사귀 사이로 바람에 둘러싸인 바다가 보인다.

오솔길이 나무의 키 높이를 작게 하더니 어느새 길이 끝나는 지점까지 와버렸다. 달공의 섬세한 손이 잎을 만지며,

"야! 이거 돈나무네. 잎이 반들반들하다. 어! 여기도 있네. 정죽! 이리 와봐라. 싱싱한 나무야."

“예, 그러네요. 그런데…, 이파리가 조금 쭈글쭈글합니다.”

“아, 그건, 바닷바람을 계속 맞으니까 자기 나름대로 살아가는 형태를 만든 것이지.”

정죽은 순간 세상의 이치를 하나 배웠다는 생각이 든다. 세 명은 파도가 거센 대양에 서서, 머리카락 날리며 옷에 풍선을 달고 바람에 들리지 않는 목소리로 크게 고함을 쳤다.

한편 세 명과 다르게 성자와 원은 활주로 쪽으로 갔다가 돌아오고 있는 중이다.

“성자야, 우리 같이 살면 안 돼? 너도나도 서로 필요하잖아. 같이 있으면 좋은 일이 더 생길지, 앞일은 모르니까.”

“그 이야기 그만해. 딸이 한참 공부하는데 신경 쓰게 하지 말고 그냥 이렇게 친구로 지내자. 응? …! …? 저건 뭐지? 스카프! 푸른 스카프네!”

나무에 걸려있던 스카프가 나비처럼 날아 성자 앞에 떨어졌다. 그런데 푸른 스카프는 같이 배를 탔던 노인이 목에 둘렀던 것이다. 성자와 원은 불길한 예감이 들었다. 스카프는 세찬 바람에 풀리어 저절로 날아온 것인가?

둘이 활주로까지 갔다 오는 사이에 노인은 어디로 갔을까? 하기야 일행 세 명도 어디에 있는지 알 수 없다. 조금 빠른 걸음으로 하산하기 시작했다. 얼마나 갔을까?

올라오는 길에 있었던 아담한 집과 저 멀리 선착장도 보이고 그런데 많은 사람들이 웅성대고 있는 게 아닌가, 그리고 바다에 해안 경비정이 정박해 있다. 성자와 원은 뛰어갔다.

도착하자마자 떠나는 경비정, 사람들에게 물어보니 그 노인이 분명 맞았다. 심장에 문제가 되어 쓰러졌고 급기야 해안경찰에 전화를 했단다. 무덤덤하게 생긴 아저씨는

"옆에 있던 사람이 부인인 모양인데, 어찌나 슬피 우는지……."

지심도 끝까지 간 세 사람이 도착했다.

성자는 조금 전에 있었던 일을 훈장에게 얘기했다.

"듣고보니 영 안 됐네. 그 노부인도……."

달공은 분위기 파악도 못 하며

"성자야, 원하고 데이트 많이 했나? 재미 좋았제? 다음에 또 기회를 만들어 주께."

파도는 선착장 위로 혀를 내밀듯 덮쳐온다. 바다는 예상대로 험한 얼굴을 하고 낯색을 달리하여 사람들에게 공포감을 심어주며 술렁이는 사람의 입만큼 떴다가 늪으로 빠져들어가는 원초의 나라! 망망한 바다에 홀로 선 그대는 도대체 누구란 말인가? 물음이 절로 난다.

사람들의 고함소리가 더 크게 더 세게, 비명 같은 신음 소리! 물속으로 모두 데려가 원죄의 대가를 톡톡히 받아내겠다는 운명의 거친 파도인지, 뱃머리는 가라앉으며, 죽음의 희열이 흰 물살에 묻혀 시리도록 아프게 다가온다.

웅성대는 사람들 사이에서 정죽은 지심도 끝에서 보았던 돈나무가 생각난다. 힘차게 솟아오르는 저 대양의 의지를 한몸에 받고 있는 돈나무! 순간 사람들이 지르는 탄성과 탄식이 줄을 잇는다. 훈장이, 앉은 자리에서 사라진 달공을 찾고 있다.

"정죽, 달공은 어디 갔지? 배가 이렇게 요동치고 있는데 이 친구가 혹시 밖으로 나간 거 아니가?"

"형님, 밖에는 지금 위험할 건데. 제가 뒤편에 가볼게요."

정죽은 자리에서 일어나 흔들거리는 좁은 길을 걸어갔다. 막 문을 여는데 몸으로 밀치며 들어오는 달공!

"형님, 어찌 된 겁니까?"

"!………."

물에 푹 빠졌다가 나온 새앙쥐! 얼굴에 흐르는 허연 소금들, 왕선글라스는 달아나고 쪼글쪼글한 조끼, 헝클어진 피라미드 머리, 겁을 잔뜩 먹은 눈동자! 달공은 달아나듯 자리에 앉는다. 놀란 것은 훈장이었다. 그래도 무슨 일이 안 생겨서 얼마나 다행인가!

머리를 숙인 달공을 훈장은 꼭 끌어안는다.

정죽은 그 모습에 눈시울이 붉어진다. 성자는 춤추는 배에서 떨어지지 않으려고 베갯머리를 꽉 잡고 있다. 속이 안 좋은 원은 머리를 숙이고,

"무슨 배가 이래 요동치는지…, 바람에 파도에, 속까지…. 미치겠다. 성자야, 나 죽는다!"

높이 올랐다 떨어지는 배로 인해 속이 갑자기 텅 비었다. 성자는 손에 쥔 스카프로 자기도 모르게 입을 닦았다. 희미한 글자가, 요동치는 스카프에, 나부끼고 있는 것이 보인다. 아니? 이건 뭐지? 부시시한 눈으로 푸른 스카프를 펼쳐보았다. 약하면서 세탁을 많이 한 하얀 글자!

당신을 사랑해요. 건강하세요.

– 영미 –

정신이 확 깨었다. 노인은 어찌 되었을까? 두 분의 사랑이 너무 간절하지 않은가! 노부인의 글썽이는 눈빛이 보이는 것 같다. 아무것도 모르는 원의 한마디가 더 서글퍼진다.

"나 죽는다. 성자야, 어째 해봐라? 이놈의 망할 배!"

초록빛 해골

장승포에 가면 일방 통행길로 한가운데 허름한 옛날 집이 있다. 담벼락이 아담하게 이어진, 1층집인데, 방은 총 7개, 방문에는 이렇게 숫자로 씌어 있다.

12호 13호… 18호, 18호는 현재 창고로 쓰고 있으며 12호 앞에는 제법 널찍한 거실이, 방들과 어울리지 않게 나 홀로 있다. 전기회사에 다니는 백곡은 열심히 자전거 페달을 밟는다. 얼굴에 큼직한 보안경을 끼고 씩씩거리며 오후에 있었던 짜증 나는 일을 떠올린다.

'멍청한 놈들, 앞에서 전기 케이블을 당기고 있으면, 거기에 맞추어 밀어야지, 그것을 계속 밀어내는 바람에 일이 엉망이 되지 않았는가! 바보들하고 일 못하겠구만!'

내리막길에서 오늘 저녁 메뉴를 생각한다. 투가 벌써 왔을 거야, 포크레인 작업장에서 신호를 보고 있으니 오후 5시면 마치겠지. 알루미늄 문을 열고 막 들어서는데 친구가 멍하니 백곡을 뚫어져라 쳐다본다. 얼마나 놀랬던지,

"야! 파란 해골 13호! 그 붉은 눈으로 쳐다보면 어쩔 건데?"
투가 더 당황해서,

"형님, 왜 그러십니까?"

"솔직히 말해서 저게 내 친구가? 처음 여기 왔을 때는, 제법 얼굴에 살이 있었는데 지금은 뼈밖에 안 남았네. 그리고 말도 하기 싫은지 입도 다물어 버리고. 내가 미쳐!"

"13호 형님은 이빨도 없이 틀니 아닙니까? 잘 씹지도 못하니 마를 수밖에요. 그냥, 이해하세요."

"내가 파란 해골 13호라고 지었지만, 너무 기가 막히네."

투는 13호 형님의 눈치를 보며,

"그리고, 13호 형님은 잠을 못 자는 것 같애요. 저녁에 화장실 볼일 보러 나오면, 늘 창문에 불이 켜져 있거던요. 창문 앞 담벼락에 형광등이 비치니까."

모두 다 들었는지, 모두 다 못 들었는지, 13호는 자기 방 13호로 슬며시 들어간다. 투는 밥상을 챙겨 백곡에게 들이민다.

아직 오지 않았지만, 요리사는 원과 투이다. 너무 잘 아는 사이고 서로 객지생활 하다 보니 원과 투가 고생이지만 먹거

리를 담당하게 되었다.

밤은 점점 깊어가고 있었다. 마지막으로 들어온 쓰리는 술을 많이 먹고 와서는 거실에서 혼자 중얼거리다 16호로 들어간다. 그리고 밤은 기다렸다는 듯이 칠흑 같은 어둠을 좁은 복도로 들여보낸다.

시간은 자정을 치고 적막한 분위기와 섬짓한 분위기가 담벼락을 사이에 두고 교차할 때쯤, 누군가 방문을 여는 사람이 있다. 쥐도 새도 모르게 나와서는 담벼락 사이 흙길을 걸어 자기 방이 보이는 창문에 섰다. 두리번거리며 무언지 확인하고 앉는다. 그리고 후레쉬를 꺼내더니 땅을 살핀다. 불빛에 손가락이 당황했는지 아니면 다른 것에 놀랐는지 손을 떨다가 벌떡 일어선다.

좁은 길을 빠져나와 곧장 바닷가로 갔다. 여러 군데의 네온이 그에게로 다가왔다. 깊은 밤만큼 어두운 바다다. 빛을 송두리째 가져가 버린 바다는 죽지 못해 가라앉아 있고 자신의 처지와 다르지 않은 어둠이 깔린 장승포가 몸으로 느껴진다.

해안을 한 바퀴 돌더니 이내 집으로 향했다. 너무나 조용히 움직였기 때문에 아무도 몰랐다. 복도에서 숨죽여 걷고 있다. 내일은 반드시 결정을 짓자!! 뇌리에 박힌 무언가를 어둠 속에서 지우려는 듯 고개를 흔든다.

아침이 그렇게 빨리 오다니!

푸른 하늘에 맑은 해가 간밤의 어둠을 물리고 능선에 손을 뻗치더니 이내 집으로 찾아왔다. 복도를 빛으로 물들인다. 13호는 길고 긴 악몽을 꾸었다. 아니, 더러운 자가 끊임없이 쫓아오는 꿈이 이어지다, 바다에 빠지는데, 아! 초록의 바다가 나의 목을 죄어 오는, 간신히 일어났다.

온몸에 땀이 차 있다. 해가 창문에 비켜, 벽면에 밝은 문신을 그리고 있다. 정신을 차린 13호는 옷을 주섬주섬 입었다.

시간은 벌써 10시, 방문을 열고 나오니 집안이 조용하다. 모두 출근한 시간, 몸이 안 좋은 13호는 기지개를 한번 켜고 집을 나선다. 회사를 다니다 병가를 낸지 한 달이 되었다.

지금 13호는 흔들리는 다리를 끌고 파출소로 가고 있는 중이다. 왜 가는지는 아무도 알 수 없다. 자기만의 세계에 갇혀 살아 온 인생답게 그냥 일어나 밥 먹고 회사 가서 일하다가 퇴근하고 말없이 눈을 껌벅거리다 작은 방에서 상상 속의 세계에 빠진다. 그래서 꿈을 꾼다. 어떨 땐 황홀함에 도취되고 어떨 땐 죽음에서 헤어나지 못한다. 그럴 때는 온몸을 떨며 자신을 한탄한다.

아침나절의 조용한 장승포는 바닷냄새가 길가에 가득하여 비린내가 손으로 만져질 정도다. 지나는 사람들이 몰골이 말이 아닌 13호를 이상한 사람으로 오인하여 하나같이 멀찍이 떨어져서 걸어간다.

13호의 약간 비틀거리는 걸음, 머리 긴 아가씨는 소름이 끼치는지 손을 저으며 도망간다. 농협 길 건너, 신부시장 앞에 장승포지구대가 있는데 파출소 소장은 이런 어촌 마을에 무슨 큰일이 있을라구, 넉넉한 마음으로 쇼파에 누워있다.

의경 한 명과 순경 한 명, 폰으로 게임을 하고 있는 중이었다.

문을 열고 들어오는 13호! 의경은 당황하여 말도 못하고 순경은,

"어, 어, 누구…?"

그 소리에 눈이 무거운 소장이 부시시 일어났다. 얼마가 지났는지 시간은 계속 가고 있다. 소장은 안절부절못하고 왔다갔다하면서 이다음에 몰고 올 파문을 생각하고 있다.

제일 먼저 옥포 경찰서에 연락을 취했으니 감식반이 곧 오겠지, 만약 살인범의 소행이라면 낭패 중에 낭패다. 사건 사고 없는 장승포에 살인사건이 생기는 일이라, 소장은 궁금해서 더 목줄이 댕긴다.

저 친구는 믿을 놈인가? 얼굴은 시커멓고 눈은 충혈되어

뻘건데, 말도 어눌하게 하는 게, 약간 정신없는 사람 같기도 하고, 그래도 신고를 했으니 조사는 해야지, 저 친구를 데리고 자기 집 뒤뜰에 있다는….

냉커피를 마시며 에어컨 바람을 쐰다. 한쪽에서 순경이 열심히 펜을 움직이고, 13호는 게슴츠레한 눈으로 흘겨본다.

수상한 눈빛을 의식했는지 순경은 쓰기를 멈추며,

"아저씨, 거짓말하면 공무집행방해죄에 해당되는 거 아시죠?"

"……."

수염이 덥수룩하며 덩치가 산만한 형사가 곱상하게 생긴 다부진 친구와 장승포 지구대로 왔다. 먼저 간단한 조사, 언제 어디서 무엇을, 그리고 13호의 말,

"삽을 가지고 가야 합니다." 모두는 긴장하고 있다. 형사는 아무것도 아닌 것처럼 삽을 들고 담벼락 사이를 걸어갔다.

13호가 지적한 장소, 13호 창문 바로 밑에 형사는 폭을 넓게 팠다. 시간은 얼마 걸리지 않았다. 그런데 덩치 큰 형사는 뒤로 물러설 수밖에 없었다. 구덩이에서 나온 그 많은 지렁이들! 13호는 눈이 커지며, 슬며시 웃는 얼굴로 꿈틀대는 지렁이를 하나씩 건어낸다. 돌아서서 즐거운 표정으로 그것을 보자기에 놓는데! 좁은 통로에 서 있던 사람들은 모두 뒤로 물러섰다.

특히 파출소 소장은,
"이 사람이! ……."

한 번의 찬란한 인생이 가면 또 한 번 올 수 있을까? 온다는 보장도 없고 안 온다는 보장도 없으니 묘한 세계에 살고 있다.

13호는 조서를 받고 돌아왔다. 그날 저녁 일찍 방에 들어간 13호는 뜬 눈으로 밤을 새우고 다음날 경찰서로 갔다.

"궁금해서 왔습니다. 김 형사님, 어찌 된 겁니까?"

닳고 닳은 책상에 왼손을 올리고 빤히 쳐다본다.

"어제 일어난 일이 금방 결론이 나옵니까? 그래도 내가 볼때는, 너무 오래된 거라 별건 없고 과연 이것이 언제쯤 돌아가신 분인지 국립과학수사대에 의뢰 중이니 그때까지 기다리시죠. 사실 우리도 궁금합니다."

"예, 그렇게 하지요."

"무슨 일 있으면 연락드리죠. 아참, 어제 조서에 초록빛이 났다고 그러던데, 내가 보니까 아무것도 없었거던요. 그래 그 불빛을 보았습니까?"

"아, 예, 기술한 그대로입니다."

7일이 지났다. 그리고 또 7일, 13호의 이상한 행동은 계속

되었다. 오히려 점점 심해졌다.

이제는 탄식하는 소리가 꼭 새벽 1시에 어두침침한 골목길을 걸어 다니는 것 같다. 원도 그 소리를 들었고 쓰리도 들었다. 하도 답답해서 13호에게 물을라치면, 살쾡이가 달려들듯 붉은 눈으로 쳐다본다. 백곡을 제외한 누구도 말을 걸 수도 없었다.

마지막 7일이 막 지나가고 있다. 여름이 한참 힘을 쓰는 7월의 마지막 며칠, 13호만 빼고 모두 모였다. 일요일이라 거리도 조용하고 선풍기 돌아가는 거실에는 투가 수박을 예쁘게 잘라서 큰 쟁반에 내온다.

"형님, 어째 이상합니다. 13호 형님이 며칠 안 보이네요. 어디 가셨는지? 통 말을 안 하니, 알 수가 없네요."

백곡은 어이가 없다는 표정이다.

"그 친구, 3일 전에는 본 것 같은데, 그러고 보니 여러 날 못 봤네. 또 무슨 일 있나?"

투를 쳐다본다. 원도 갑갑하다는 표정으로,

"딱히 갈만한 데가 없을 건데… 혹시, 방문을 열어보지. 어디 갔으면 문을 잠그고 갔을 거야. 투, 여분의 열쇠가 없나?"

투는 일어나 확인도 할 겸, 13호 방의 손잡이를 돌렸다. 아니, 슬며시 열리는 것이 아닌가! 문을 열고 들어간 투의

눈에,

“형님, 빨리 와 보세요. 아니…, 이렇게 깨끗할 수가! 얼마나 치웠길래, 노란 장판까지 빛이 나네! 이 무슨 옷도 하나 없어! 야! 기가 막혀!” 백곡의 눈에도 무엇이 잘못되었다는, 있을 수 없는 일이 생긴 것처럼,

“파란 해골 13호가 날아갔구만! 이 방이 원래 개판 오 분 전이었는데 지금은 신혼방이 되었네. 머저리 같은 놈이 무슨 짓거리할라고 집을 나갔노? 책상에 있는 종이봉투 말고는 하나도 없으니!”

투는 봉투를 든다. 창문에서 불을 지피듯 해가 돌아오고 있다. 유심히 보던 투는 눈이 휘둥그레진다. 겉봉에 쓰인 글자, ‘백곡, 친구에게!’, 투는 두툼한 편지를 꺼냈다. 약간의 두려움과 긴장감이 손끝에 느껴진다.

백곡, 원, 투, 쓰리는 모두 앉았다. 투는 느릿느릿 읽기 시작했다. 이하는 그 편지의 내용이다.

구구절절한 이야기를 모두 다 수록할 수는 없어도 최대한 쓸려고 노력했다. 포기하지 않는 인간이 아름답다는 말이 있듯이 13호는 결코 포기하지 않았다.

이 편지를 읽고 있을 때쯤 아마 나는 하와이 가는 비행기를

기다리고 있을지도 모른다. 나도 지금 왜 갑자기 이렇게 바뀌게 되었는지, 꿈에나 그리던 부자 되는 꿈, 말이야. 복도에 누가 지나가는 소리가 나네. 투겠지. 정말 고마우이! 동생에게 늘 신세만 끼치고…….

백곡, 자네에게 자초지종 다 밝히려고 하네. 내 얼굴이 왜 그렇게 말랐는지. 왜 밤에 밖에서 불을 켜고 쪼그리고 앉아 있었는지. 모두 말해주겠네. 올 초부터인가, 잠을 못 자는 경우가 많았네. 더구나 예민한 성격이 오죽하겠나. 내가 거울을 봐도 너무 말랐다는 게 느껴지네.

그러다 한 달 전 어느 날인가 잘 기억이 안 나는데, 우리끼리 집에서 불고기 파티할 때였지 아마, 술을 먹지도 못하는 내가 소주 3잔을 마셔 버렸어.

잠도 오고 해서 일찍 잠자리에 들었는데, 나중에 일어나니 벌써 새벽 1시가 되지 않았는가. 나는 태연히 일어나 날씨를 살피려 창가에 갔었지.

그런데 웬 불빛이 창문 밑에서 반짝거리는 게 아니겠나! 그것도 초록빛이!! 너무 신기해서 밖으로 나와 가까이 가봤지. 그런데 불빛이 어디론가 사라져버렸다. 손으로 풀을 더듬어 보았지. 아무것도 없는 거야. 술은 먹은 데다가 졸음도 오고 해서 그냥 돌아와 잠자리에 들었네.

다음날 다시 뒷골목으로 가서, 정신 똑바로 차리고, 살폈지. 나를 뭐라 하지 말게, 백곡, 정말 아무것도 없었다네. 멍한 상태로 저녁이 되었다.

저녁 10시에 혹시나 하고 가 보았지만 헛탕! 드디어 새벽 1시가 되었지. 초록빛이 그렇게 아름다울 줄이야!

새벽 1시에 어김없이 나타나는 초록빛! 몇 날 며칠을 궁리하고 또 생각하고 연구하다가 결론을 내었지. 땅을 파자! 그러면 모든 것이 밝혀진다. 나는 화분에 쓰는 작은 삽을 가져와 파보기로 했다.

다음날, 심호흡을 크게 하고 흙을 긁어내기 시작했지. 무더위에 긴장감까지 더해 땀은 손등으로 뚝뚝 떨어졌다. 얼마 있지 않아 정체가 드러났는데, 하얀 백색의 번쩍이는 광채! 뒤로 넘어지며 엉덩방아를 찍었지, 바로 해골이야!

사람의 머리가 그 속에 있었던 거야. 나는 부들부들 떨며, 슬쩍 나온 뼈를 덮어버렸어. 한낮은 땅의 온도를 높여 1층집을 아궁이 속으로 만들었고, 온몸에 핏기도 없으면서 땀은 방을 채우고도 남았네. 얼마나 잤는지 악몽을 바다처럼 마시고 일어나 찬물에 샤워를 했지.

가장 먼저 해야 할 일은 경찰서에 신고하는 거다. 나는 죽은 자의 넋을 기리기 위해 잠시나마 묵념을 했네. 사실 그 날이

파란 해골 13호라며 나를 놀리던 날, 기억나는가?

그리고 다음날 파출소에 신고하고 조서를 꾸몄다. 조서를 쓰는 와중에 초록빛 얘기를 했는데, 형사는 무슨 말인지 이해를 못 했네. 오히려 나를 이상한 사람으로 쳐다보더군.

어찌 됐던, 형사는 유골의 상태와 누구의 유골인지 확인하기 위해 국과수에 의뢰를 했네.

자네는 나를 너무 잘 알아. 그래, 나도 옛날에는 제법 잘 나갔었지. 아름다운 시절이었는데, 일운면에 면서기를 하면서, 얼마나 행복했는지, 자네는 알고 있지. 그녀가 떠나기 전까지. 지금 너무 그 시절이 그립구만….

십여 일이 지나고 드디어 경찰서에서 연락이 왔다.

뜨거운 태양이 가로수를 뎁히고 있는 옥포, 길을 걸으며 나의 머릿속에는 초록빛의 해골만 남아 있었다. 넓은 공터에 경찰서는 아무 일 없는 것처럼 매미 소리만 요란하다.

형사1계라고 적힌 문을 들어서니 떨어진 책상에서 김 형사가 손을 번쩍 든다. 웬 신사가 앞에 앉아 있었다. 나이는 꽤 들어 보이나 얼굴에 자신감이 넘치고, 푸른 양복이 너무나 잘 어울리는 노신사였다.

"반갑습니다. 형사님이 말씀하신 그분이시죠? 저는 정씨 집안의 일을 봐 주는 정 집사라고 합니다."

명함을 건넨다.

"이 주임이…. 저희가 조사를 했습니다. 옛날에 면서기를 하셨다길래…. 죄송합니다. 발견하신 유골은 조선 중기 때 정자 우자 분이십니다. 그분의 아버님이 살아생전에 애타게 아들을 기다리시다 결국 돌아가시고 유언으로 남기셨는데……."

김 형사가 13호를 한번 보더니 노신사에게,

"유골은 국과수에서 얘기한 데로 연대가 비슷하네요. 유골의 주인도 찾았고 여기 이 분도 이제 신경 안 쓰셔도 됩니다. 그런데 그 초록빛은 어떻게 판명 난 건지?"

노신사는 말이 없다. 대꾸할 필요가 없다는 투로,

"형사님, 이제 가도 되겠습니까?"

"아, 예, 다 끝난 것 같습니다. 가셔도 됩니다."

두 명은 같이 나왔다. 노신사는 두리번거리다 13호에게 조용히 얘기한다. "조용한 곳으로 가서 꼭 드릴 말이 있습니다."

경찰서 앞에 까만색 볼보가 서 있다. 놀라는 13호를 태우고 노신사는 장승포에 위치한 파로스 호텔로 직행했다. 호텔 스카이라운지는 장승포를 굽어보며 파란 외벽을 자랑한다. 조용한 음악이 파도를 타듯 흘러나온다.

"여기에 모시고 온 것은 말 많은 신문기자를 따돌리고 그

분의 유골을 찾게 해주신 분에게 사례를 할까 해서……."

"제가 사실 근 1년 동안 잠을 자지 못했습니다. 도대체, 그 당시 무슨 일이 있었습니까? 그리고 그 초록빛은, 왜 유골 있는 곳에서 자주 보이는지? 조금이나마 알고 있으면 알려주셔야지요. 저는 그 유골 때문에 신경쇠약에 시달리고 있습니다."

먼바다를 보던 노신사는 아이스커피에 담긴 얼음을 유심히 본다.

"아주 오래전에 있었던 일이라, 말해 줄 수는 있습니다. 대신에 나의 청도 들어주십시오."

조선 중기 중종 때 사대부 가문의 우는 결혼을 한 지 5년이 되었다. 남자아이가 하나 있었는데, 이름은 민이였다.

청년 우는 아버지에게 일러 외국을 다녀오겠다고 청을 드린다. 그것도 동남아시아 태국! 식솔을 몇 명 거느리고 거의 1년 가까이 다녀오더니 이상한 물건을 하나를 가져왔는데 바로 형광물질이다. 손가락 두 개 정도의 제법 큰 요상한 돌은 어둠 속에서도 빛을 내는 조선 시대와 어울리지 않는 물건이었다. 아내에게 신기한 형광을 보여주니 그렇게 좋아할 수 없었다.

며칠 몇 달이 지나자 이상한 빛을 내는 돌이 있다고 소문이 나기 시작했다. 많은 사람들이 오고 가며 박수를 치며 어떤 이는 기도하는 사람도 있었다.

우는 내심 걱정이 되었다. 하지만 이왕 알려진 거 어쩌겠나. 급기야 대궐에서 임금님이 한번 보고 싶다는 전갈이 왔다.

아버지와 우는 떨리는 마음으로 돌을 가져가 보여 드렸다.

"세상이 넓고도 넓구나. 이런 돌도 있다니!"

탄복을 한 임금님은 많은 견문을 넓히도록 독려하며 우를 칭찬했다. 하지만 호시탐탐 노리는 정적의 눈초리, 이적이 있었다. 이적은 정립과 철저한 대립관계에 있었는데 정립이 늘 못마땅했다. 이적은 빛나는 돌의 애기를 듣고 무릎을 쳤다.

"드디어 사문난적 정립을 물러나게 하는 방법! 내 손안에 들어왔구나!! 이놈!"

유생들은 상소를 올렸다.

'조선은 유교를 숭상하는 나라로써 불교를 국교로 삼고 있는 싸얌이라는 족보도 없는 나라에서 이상한 돌을 가져와 혹세무민하는 정우를 귀양 보내시고 그 아버지 정립을 파직 시키시옵소서. 지금 항간에는 그 빛나는 돌이 요술을 부린다고 소문이 파다합니다. 전하!"

소식통이 전해온 애기를 들은 정립은 우를 불렀다.

"우야, 네가 가지고 있는 것은 위험한 돌이구나. 나라에 귀속시키면 어떻겠느냐?"

"아버님, 천부당만부당하옵니다. 싸얌에 가서 죽을 고비를 몇 번 넘기고 얻은 것입니다. 소자 죽으면 죽었지 그렇게 할 수 없습니다."

완강한 아들의 뜻을 꺾을 수 없었다. 작금의 정치판은 장담할 수 없다. 세태는 바뀌어 이적의 시대가 아닌가?

우의 귀양을 바라보는 아버지의 눈에는 정치의 냉혹함이 서려 있었다. 시간이 흐르면 귀양은 풀릴 것이고 손자는 잘 크고 있으니 다행이다. 자신의 파직은 단지 정치적인 단순한 일일 뿐이야.

정립은 다음에 몰고 올 먹구름은 생각지 못했다.

왜냐하면 귀양 간 아들이 시간이 갈수록 이상한 말과 행동을 하기 시작했기 때문이다. 저녁이 되면 어디를 가는지 밤새 돌아다니다 새벽녘에 들어와서는 오후까지 계속 잠만 잔다. 얼굴은 마를 대로 말라 피골이 상접했고 눈은 도깨비에 홀린 듯 뻘겋게 충혈되었다. 그리고는 어디론지 바람에 날아갔는지, 아니면 바다로 걸어갔는지, 사라져버렸다.

정립은 자신이 만든 정치적 싸움에 아들이 희생당했다고 여겼다. 그 뒤로 정립은 다시는 정치에 나가지 않았고 자숙

하며 살았다.

노신사는 말을 마치며, "그때 그 사건을 '현광의 역'이라고 합니다. 국과수에서 조사한 결과, 오른쪽 뇌에 형광물질이 발견되었답니다. 초록빛이 나는 돌은 아들이 죽었을 때 누군가 넣어 주었겠죠.

정립선생은 마지막 유언에 아들이 살아서 오든 죽어서 오든 도움이 됐던 분에게는 그만한 사례를 해주어라 쓰여 있습니다. 우리 정씨 문중은 그 마지막 유언을 존중합니다.

저는 정자 우자 바로 그분의 23대손입니다. 이 주임께서 저희 집안을 살리셨습니다. 사례는 당연한 일이고 이참에 한 가지 더, 일주일 뒤 하와이에서 정씨 문중 모임이 있습니다. 많은 사람들이 당신을 보고 싶어합니다. 저와 같이 하와이에 갑시다. 우리는 당신의 재산 내력, 병명, 가족관계까지 벌써 어느 정도는 알고 있습니다. 돈은 신경 쓰지 마시고……."

놀랍지 않은가. 꿈인지 생시인지 분간이 안가네. 친구, 아무튼 하와이 갔다 오거든…… 아, 오면서 자네가 좋아하는 빨간 손수건 하나 사오겠네. 시간이 없네. 옥수동에서 서울 가는 차가 30분 뒤에 있으니 서둘러야지. 안녕!

경호강 전투

차들이 빼곡한 계곡에 도착했다.

14명의 외지인들이 깊고 깊은 산허리를 돌아 휴가의 단맛을 느끼려 지리산에 온 것이다. 마침 산을 채 넘어가지 못한 구름이 계곡에 모여 실컷 비를 뿌린다. 색깔 파라솔에 후드득 후드득 떨어지는 비는 고기의 부드러운 육질만큼이나 단맛이 난다.

지리산의 정취가 달맞이 꽃모양 은은하게 퍼지고 있는 것이다. 내일 있을 전투가 긴박하게 전개될 조짐이 머구리들의 눈빛에 살아 있는 것 같다. 나이 많은 머구리들은 젊은 머구리에게 시퍼런 칼을 대듯이, 밤 깊은 오두막은 울창한 숲 속에서 나오는 기이한 기운을 마력처럼 뻗쳐온다.

다음날, 햇빛이 경오강을 황금으로 바꿔놓았다.

지난밤이 가져다준 꿀 같은 비가, 아름다운 지리산에 내려앉아, 부드러운 계곡의 곡선을 따라, 안개와 구름 낀, 신선이 나옴 직한, 살 같은 산하가 꿈틀대고 있다.

구명조끼가 자갈밭에 갑옷처럼 늘려져 있다. 그 안에는 여전사, 로망스도 무슨 일이 있는 양 그 큰 눈으로 두리번거린다. 대형 보트가 여자의 젖가슴처럼 불룩하다.

까만 선그라스의 래프팅 여자 가이드, 다리 굵기가 백곡의 두배는 됨직하다.

"야, 그놈이 내려오는데, 내가 먼저 그 새끼를 따돌렸어, 알아, 에이 씨바!"

뻥 뚫리는 눈으로 남성미가 넘치는 여자를 보는데, 그 우람한 아가씨가 웃는다.

"엥, 저건 뭐야! 하얀 이빨에 보철이라!"

고개를 뒤뚱거리는 로망스! 젊은 머구리들은 파란 보트의 고릴라 아가씨에게 배속이 되어 원 투 쓰리와 벽하는 마지못해 따라갔다.

백곡, 로망스와 수, 백암, 훈장, 그리고 도니는, 노란 보트의 앙증맞은 땅콩 가이드, 친구를 따라간다. 대형 보트를 머리에 이고 플라스틱 노를 들었다.

해가 경호강의 돌들을 열심히 뎁히고 있다. 우렁찬 고릴라

아가씨의 목소리,

"체조를 먼저하고 보트에 승선합니다."

머구리들을 한번 훑어보더니, 갑자기!

"앞으로 취침! … 뒤로 취침! 잘 안되면 한 번 더!… !… !"

손바닥만 한 땅콩 가이드가 해병대 수색 출신 훈장을 가르친다. "뭐하는 겁니까? 말 안 들으면 물 먹입니다. 알았습니까?"

훈장의 힘찬 목소리가 경호강의 아침을 깨우고 있다.

"예, 알았습니다."

물은 탁하게 두껍게 기름을 부은 듯, 꿀물처럼 흘러간다.

노란 보트와 파란 보트가 얕은 돌에 정박해 있다. 파란 보트 제일 앞에 벽하 그리고 쓰리, 노란 보트 이쪽은 도니와 훈장이 탔다. 발 하나 들어가는 안전벨트에, 다른 발을 꼬아, 가위로 만들었다. 긴 플라스틱 노는 구명조끼에 갖다 대고 명령을 기다리는 수군들! 노란 보트의 키 작은 땅콩 가이드의 고함

"하나둘!" 기다렸다는 듯이, "셋 네!" 배는 출항한다.

그런데 머구리 원 투 쓰리가 탄 파란 보트는 고릴라의 기에 눌렸는지, 빠르게 노를 젓는다. 그러면서 앞서기 시작했다. 해병대출신 훈장 열 받아,

"어! 저것들 설치네. 야, 도니, 우리도 가자."

뒤에 앉은 로망스와 수, 꼴찌에 앉은 백곡, 물을 무서워하는 눈치 다분한데, 젓기 시작한다. 팔이 억센 백암은 도니 뒤에서, 깊은 물 속으로 노를 사정없이 내리꽂는다.

일행 중에서 가장 수군답다. 안경에 흘러내리는 맑은 물이 땀과 섞인다. 금방 따라잡는 듯했다. 그런데 의외의 기분 나쁜 복병! 머구리 투 뒤에 앉은 고릴라 아가씨가 산만한 엉덩이를 한번 떨며 넙떡한 노에다가 물 한 바가지 받아서 던지는데, 아이구야 도니 죽었다. 고릴라한테 뺨따귀 한 대 맞았으니 오죽하겠나,

하지만 그놈 고릴라가 계곡물을 얼마나 잘 타는지, 요리 빠지고, 저리 달아나고, 저래 미끄럼을 타는데, 아! 미치고 환장하겠네! 거기다 쪼로미 동물원에 원숭이 보듯, 헤헤 웃는 젊은 머구리들! 그 안에 이름 모를 아가씨와 키 큰 애인, 마지막으로 중학생 훈이까지! 이 수모를 만회해야 한다.

"훈장형님, 이건 도저히 용서할 수 없습니다. 옛날로 돌아가 헝그리가 됩시다."

물먹은 훈장은 씩씩거리며 햇빛 그을린 얼굴로 전방을 주시한다. 뒤에서 백곡이 뭐라고 하는지,

"야! 머구리들! 빨리도 도망가네."

제일 뒤에 앉아, 큰 노로 방향전환을 하던, 땅콩 같은

가이드! 허파 뒤집어지는 소리,

"고릴라가 하는 물대포가 장난이 아니지만!…… 아니, 그래도……!"

눈알을 한 바퀴 돌리더니만, 물벼락 맞은 사람들한테,

"머구리라고 놀리면서, 그렇게 당합니까? 혹시 이 배에 탄 사람들도 머구리 아닙니까?"

"이 아저씨, 큰일 낼 사람이네. 우리가 머구리라고? ……."

원조 머구리 백곡은, 모르는 사람이 아는 척 하는 게 영 마음에 안 든다. 훈장이 가위 발로 돌리며,

"이런 모습을 파란 보트에서 보면 뭐랄 끼고, 자중지란이야!"

총 길이 13.5킬로에 반쯤 내려가고 있었다. 강 양옆으로는 맑은 돌이 세월에 씻기어, 여인이 분을 바른 듯 깔끔하게 앉아 있다. 노란 배에 탄 사람들은 모두 노를 놓고 기다렸다. 서로 엉긴 물들이 소용돌이를 만들며, 황토물에 거품이 끊임없이 솟아난다. 이제 곧 제법 높은 폭포를 만날 것이다.

순간이었다. 조용했던 물은 요동치기 시작하며, 칼처럼 솟아올랐다가 떨어진다. 보트의 끝이 먼저 웅덩이에 들어가 살짝 안 보일 때쯤, 고물이 뒤따라오며 이물을 밀어낸다. 노란 보트가 창공을 찌르듯 튀어나오는데, 형님 머구리들의 함성!

"아이구야! 나 죽네! 잡아라! 줄 잡아라!"

급류에서 한번 부딪힌 노랑, 파랑은 물살에 흩어져 자기 살기에 급급하다. 그러나 물은 이내 새근새근 잠을 잔다. 소나무 숲과 동화 같은 펜션이 강어귀에서 연인을 기다리듯 교태를 부린다.

훈장과 도니는 지쳤다. 노를 든 수병들은 전부 두리번거린다. 파란 보트가 어디로 갔는지 찾고 있는 중이다.

이놈들이 어디로 갔을까? 강 옆으로 서서히 내려갔다. 갈대숲이 듬성듬성 나 있다. 키를 잡은 땅콩은 자꾸 뒤를 본다. 로망스는 물에 젖은 얼굴을 손으로 훔친다. 백암은 강변을 보고 있다. 하지만 물속에서 다리를 잡고 늘어지는 고릴라 여자! 얼굴이 길쭘한 쓰리와 벽하는 태양의 기운을 받은 토인의 함성으로 달려드는데,

"와! 와! 형님 머구리를 잡자! 몰아라! 우우우!"

삽시간에 일어난 일이라 속수무책, 고스란히 물대포 맞고, 살이 퉁퉁 부은 형님머구리들! 하지만 그때, 지형지물을 이용했던 이순신의 기지를 발휘하여, 혜성같이 등장한 도니! 긴 노를 파란 보트에 대고 힘차게 밀었다.

보트는 갈대를 스치며 뭍으로 향했고, 빙빙 돌면서 비명 같지 않은 비명!

"배가 돌기 시작했다. 아이구야! 어지러워라!"

멀어져가는 벽하의 동그란 눈동자! 노란 배는 울돌목에서 빠져나와, 기름을 바른 강을 풍요롭게 저어갔다. 이제 곧 도착하겠지.

저 멀리, 하늘가는 다리처럼 산으로 뻗은 고속도로, 마지막 코스! 뱃놀이하며 여유 잡던 노란 머구리들! 거머리처럼 달라붙는 파란 머구리를 당할 수 있을까? 그랬다.

마지막을 통과한 것은 결국 파랑이었다. 출발지로 돌아가기 위해 모두 기다리고 있다.

시골버스가 기계 소리를 내며 도착했다.

버스 안, 각자의 창문에 앉은 머구리들은, 각자가 겪어 온 경호강의 전투를, 시간을 되돌려 복귀하고 있는 중이다. 입을 벌린 머구리들! 빤히 쳐다보는 고릴라, 놓치지 않는 사진사! 찰칵!!!

오봉 산장

어두운 터널이 산속으로 뻗어, 거미줄에 얽힌 흰 나방처럼, 차들은 뛰뚱거린다. 옅은 형광등이 노란 불빛을 땅으로 던진다. 백곡의 눈에 퍼지는 야한 어둠의 빛깔들이, 터널 외벽에 원을 그리며, 달려들었다가 사라지기가 반복된다.

맨 앞에 선 아우디가 뒤에 붙어오는 비스토와 오래된 소나타를 즐거운 표정으로 본다. 아우디에서 누군가 얘기하고 있다.

"지금 가는 곳이… 보자… 어디지?… 이거, 글씨가 자라 안 보이네. 어이, 머구리 원! 말 좀 해봐라!"

출발부터 말이 없는 원의 기이한 행동이 꺼림칙한지 백곡은 수건으로 땀을 닦는다.

차는 어둠과 밝음을 반복하다, 생초에 내렸다. 여름이 논두렁에 너풀거리는 초록을 입고 시끄러운 소리를 낸다.

뜨거운 아스팔트는 좁은 길을 계속 만들고 있다. 모두가 긴 잠을 잔다. 나름대로의 방식을 고수하며, 로망스와 수, 훈장, 백암. 아이구! 수의 코 고는 소리! 차라리 매미 소리가 낫지! 백곡은 창밖을 보고 있다.

순간, 그 어떤 장면, 아우슈비츠의 가스실! 흑백사진의 얽히고 얽힌 시체들, 백곡은 미간에 내 천자를 그리며,

"야! 시바야! 어디 가는지, 행선지를 알아야 될 거 아니가? 야! 개새끼야! 말 안 할래!"

햇빛에 시커멓게 탄 얼굴로, 슬그머니 돌아보며, 식은땀 나는 웃음을 짓는다.

"오봉 산장!"

밝은 낮이 따라오다가 지친 것인가? 서서히 그림자와 더불어 하늘을 덮어오는, 넓쩍한 억센 이파리들! 기괴한 줄기에서 뿜어져 나오는 요괴 같은 입김! 아무것도 모르는 사람들은 무표정한 얼굴로 서로 쳐다볼 뿐이다.

산청군 금서면 어딘가에서 길을 잃어버린 차는, 안절부절 못하며, 썩은 냄새가 코를 가로막는 어둠 속에 잠시 섰다. 엷은 불빛을 받은 백옥 같은 여자아이가 팔을 휘저으며 지나간다. 창문을 내리며 수가 물었다.

"얘, 하나 물어보자. 오봉 산장이 어디지? 혹시 알아? … ?"

하얀 옷이 소금같이 두드러지며 빨간 립스틱을 바른 그 입술!

"저기, 산을 넘어가야 …! !… 밤에는 간판이 보였다가 낮에는 안…?…!!"

두꺼운 이끼가 잔뜩 낀 담벼락 넘어.

"야, 이년아! 지나가는 사람하고 얘기하지 말랬지!"

모두 그 말을 들었다. 괴성을 지르는 소리에 심장 약한 백곡은 훈장 뒤에 숨었다. 머구리 원의 차가운 눈동자가 헤드라이트를 켠다. 꾸불꾸불한 흰 선을 따라 얼마나 갔는지, 으스스한 달빛과 짙은 안개가 산 중턱부터 시작하여, 이상야릇한 숲 속의 정적이 짓누르고 있었다.

"어! 저거 모양인데, 가만 세워봐."

기름 떨어진 차가 서듯이 시시시 멈췄다. 벌레 소리와 멀리서 짐승의 교태부리는 울부짖음! 약간 높은 지대에, 나뭇가지가 집을 거의 다 덮고, 지붕만 뾰족이 나 있다. 집 크기에 비해 간판은 비대칭적으로 크다. 녹색 형광의 글씨가 마치 귀신을 불러들일 만하다. '오봉 산장'

덩굴이 사람의 핏줄마냥 온 집을 덮고 있었다. 한기가 정문 앞에서 계곡 쪽으로 불어간다. 용감한 투 쓰리가 나섰다.

하지만 인기척도 없고 오로지 스멀스멀한 벌레 소리만! 궁금한 벽하가 문을 건드렸다. 스르르 열리는 오봉 산장! 깔끔하게 정리된 로비가 희미한 불빛에 손님을 기다렸다는 듯이 일행을 맞이한다. 붉게 물든 카펫트를 훈장이 번쩍이는 구둣발로 밟았다. 얼마나 오래되었는지 먼지가 수증기처럼 피어오른다. 휘둥그레진 눈으로 쳐다보는 로망스!

"야, 이거, 우리가 잘못 왔어. 어찌 으씨씨 귀신 나올 것 같네!… ?… ?… 어! 무서워! 저기, 불빛은 뭐야?"

7가지의 불빛이 마루부터 천장까지 아름답게 수놓고 있었다. 붉은 카펫트는 막힌 벽을 두고 길게 나 있는데, 한쪽으로 방들이 하나, 둘, 셋, 넷, 다섯, 여섯….

"띵똥! 띵똥! 띵똥!"

투가 계산대에 있는 구리 종을 눌렀다. 초인종 소리가 마치 계곡에 묻힌 사람들을 깨운다.

"누님, 이거 보세요. 숙박계에 뭐라 적혀있습니다."

놀랬던 가슴을 쓸어내리며, 모두 숙박계 주위로 모였다. 투가 띄엄띄엄 읽는다.

"저희 오봉 산장에 오신 것을 축하합니다. 방은 총 일곱 개고 마지막 방은 예약되어 있습니다. 나머지 방은 마음대로 쓰시고… 아! 깜박 잊었습니다. 내일 아침 나가실 때는 뒤를 돌아보면 안 됩니다. 감사합니다. 오봉 산장 주인."

칠흑 같은 어둠이 산장을 입에 삼키고 있었다. 오도 가도 못한 머구리들은 체념을 할 수밖에 없었고, 오봉 산장에 머물기로 했다. 모험심이 강한 쓰리와 벽하가 7호라고 쓰인 방문을 열었다. 로망스가 보았던 불빛! 각 호실에서 새어나오는 죽은 자의 숨소리! 빨갛게 물든 방은 루비같이 정교하여, 벌써 선을 넘은 자들의 망령들이 살아 숨 쉬는 것 같다. 담력이 큰 훈장의 등에 식은땀이 흐른다. 백곡은 머구리 원의 손을 꽉 잡는다. 쓰리와 벽하은 발을 조용히 옮기며 8호실에 왔다. 주황의 불이 조그만 창에서 새어나온다. 문은 잠겨 있었다. 백곡의 헛기침,

"에에… 치… 이… 이!"

손으로 입을 억지로 막고 따라간다. 9호는 흐느적거리듯 온통 노란색 일색이었고 10호는 초록 방이었다. 길고 긴 추가 달린 파란 괘종시계 하나가 벽 한가운데 있다. 그리고 심장을 치는 소리 댕! 댕! 댕! 댕!…,

"형님, 종이 네 번 울렸습니다. 우리가 네 번째 방에 왔으니…."

슬며시 들어오는 머구리 원은 눈치 빠른 투를 꼴깝게 본다.

이어지는 11호는 남색이 분명했다. 투가 말한 데로 어김없이,

"댕! ……."

보라색 손잡이, 12호, 쓰리의 가슴 치는 소리, 쿵짱, 쿵짱, 쿵짱! 또 들리는 죽은 자의 소리!

"댕!……."

13호, 마지막 방에서 모두 멈추어 섰다. 바다 빛의 파랑이 방안 가득히 안개처럼 깔렸다. 우연찮게 머구리 원과 백곡이 죽은 자의 방으로 들어갔다. 백곡은 원의 손을 꼭 잡고 놓지 않았다.

방 한쪽에 무엇인가 반짝이는 물건, 백곡은 가까이 다가 갔다. 몸이 순간 움찔했다. 오봉, 아니 웬 쟁반…, 수북이 쌓인 뼈다귀들! 그런데 옆에 파란 담요를 뒤집어쓰고 누군가 누워있다. 떨리는 손으로 흔들어 보았다. 꿈쩍도 안 한다. 그리고 들리는 마지막 경고!

"댕!……."

그 찰나, 고개를 돌리려는 순간, 슬며시 일어나는 파란 해골! 백곡은 뒤로 나자빠지며 귀신의 울음소리!

"아! 악! 살려주세요!!!! !"

뒤도 안 돌아보고 뛰기 시작했다. 여기가 지옥이다. 뛰어야 산다. 아무것도 보이지 않고 나가는 문만 보였다. 문을 열고

두 손으로 꽝 닫았다. 그리고 긴 숨을 쉰다.

"휴 …살았다."

잠시 정적이 감돌았다. 그러나 시간이 갈수록 이상한 느낌이 쿵탁 거리며 가슴을 쳐온다. 백곡은 오른손에 뭔가 꼼지락거리는 것을 느꼈다. 밑 눈으로 슬며시 쳐다보는데! 어깨 위로 쑥 내미는 파리한 손 하나!

"형님, 아무리 바빠도 내 오른손을 가져가면 어떡합니까???"

파란 눈으로 쓴웃음을 짓는 머구리 원! 백곡의 손에는 피가 뚝 뚝 떨어지는 머구리 원의 오른손이 매달려 있었다. 눈이 튀어나온 백곡은 숨도 안 쉬고 계곡으로 달아났다.

다음날, 새파란 아침이 왔다. 누구도 어디서 잤는지 또 누가 없어졌는지, 어느 한 사람, 말하지도 않고 물어보지도 않는다.

차는 출발했다. 마지막 나오는 차, 에어컨의 찬바람이 목덜미를 할퀸다. 로망스는 무표정한 얼굴로 뒤를 돌아보았다.

집은 다 쓰러져 폐허 된 지 오래고, 그 크고 불야성 같은 간판은 불에 타서 형체도 없고, 또 마지막, 아! 백곡! 입구에 서서 환한 웃음으로 손을 흔들고 있다.

뒷유리창에서 보이는 좁은 계곡 길은 점점 멀어져 간다. 포커페이스의 머구리들은 오로지 잠만 잘 뿐이다.

달에 가려진 구름

머구리: 달님이시여!
당신을 사모하는 마음, 변치 않는 마음,
부드럽게 달래주시고
아침의 이슬이 내리기 전에
사랑을 주시옵고
밝은 얼굴 보여서
다른 이가 시샘할 수 있도록 사랑의 증표가 되어 주십시오

달님: 저에게도 내 사랑! 어둠 속에서도
사랑은 빛이 나지요 하늘에서 본 당신은
영혼이 깨끗한 사람입니다
나의 사랑 나의 달빛을
사랑하는 당신!

구름: 나는 다 들었노라!
내가 너희를
어둠으로 몰아넣겠다.
구름은 영원한 떠돌이!
오직 바람에 매인 사랑인 것을
구름과 바람은 영원한 동반자
사랑의 끈은 쇠사슬로 된 무지개!
바람은 나의 사랑이거늘
아! 바람이여!
당신은 나를 사랑하지 않습니까?
나의 사랑을 확인시켜 주시고
지금 당장 바람을 일으켜
달빛을 가려주십시오
그래서 나의 역할
구름에 가려진 달이 되도록 해주십시오

달님: 아! 어떻게 하지
구름이 사랑에 시샘을 하여 앞을 가리면
나의 사랑은?

머구리: 내 사랑!
달빛 타고 오는 사랑이여!
걱정하지 마세요
사람이 잘하는 게 있습니다
요술지팡이!
바로 머리를 쓰는 겁니다
달님의 뒤편은 어둠입니다
바람에게 먼저
어두운 면을 보여주시고
달빛이 없다고 하십시오
바람은 형체 없는 그림자!
무슨 힘이 있습니까
바람은 나서지 않을 겁니다
구름에게는
바람이 불어온다고
큰소리치시고
위협적으로 말하세요
구름은 물같이 흩어질 것입니다
자! 다되었습니다
이제 마지막 당신의 사랑이
필요할 때입니다.

달빛의 사랑이 없으면
어둠의 구름이 마왕이 되어
이 세계를 가두어 버릴 것입니다
빛나는 내 사랑!
사랑은 지킬수록 더욱더 빛이 나는
황금 그 이상입니다
부디 잊지 마시고 잊지 마소서
내 사랑!

달님: 아! 사랑은 방법도
잘 찾아냅니다
사랑이여!
이것은 바로
달에 가려진 구름이 틀림없습니다
사랑의 빛이 어둠을 물리치고
나의 달빛은 당신에게로 달려갈 것입니다
아! 시간이 없네요!
빨리 가서 바람에게
나의 어두운 뒷모습을 보여줘야지
또 구름에게도

도둑이 된 시인

조선소의 일과는 단순하다. 일하고 쉬고 일하고 먹고, 일하고 쉬고 일하고 퇴근.

그러면 정확한 6시, 단순한 것은 좋다. 이런 말은 대체 누가 했는지? 하지만 시인이 싫어하는 것은 단순한 것이다. 그래서 이참에 제일 복잡한 시를 쓸까 한다. 그것도 아예 부업으로……. 여러분들이 시인으로 인정 못 하겠다면 조선소에서 하는 일, 쇠를 깎아내는 일이 또 있다. 시인은 둘 중에 하나 선택하면 된다. 단순하다.

오늘은 화창한 날이다. 공구통을 싣고 포터로 이동 중, 시속 30킬로 이내, 넘으면 스티커, 안전을 위한 조치, 대신에 쇠 깎는 시인은 실컷 봄바람을 쐬고 있다. 굼벵이가 뛰어가는 포터 속도! 차가 가는지 시인이 가는지 어찌 됐건 컨테이너

엔진룸에 도착, 형님과 시인은 어둡고 칙칙한 곳에 공구통을 밀어 넣는다. 일하고 먹는 시간이 다 되었다. 시인은 적다만 시를 폰 상으로 뒤적인다.

'동굴의 추상화' 추상화는 마음에 그린 그림, 형상화되어 있지 않은 보이지 않는 세계, 양 엄지의 발걸음이 폰으로 뛰어다닌다. 밥을 먹었는지 글로 때웠는지 허기만 면하면 되지, 철판에 해가 부딪혀 시간은 빠르게 다가온다. 일할 시간이다. 심플한 일. 시인은 공구통을 뒤지다.

'어떤 놈이……!!!' 형님이 더 놀래며, '왜 무슨 일이 있어?' 쇠를 깎아내는 그라인드와 모서리용 베이비가, 어둠 속에서 어둠으로, 누군가 분명 노렸다. 아까 그놈인가? 아니면 저 위에 있던 놈? 누가 시인의 공구를 가져갔지? 예의도 없다. 두 개 중 한 개만 가져가야 하는데 싹쓸이로 쌔벼! 이런 호랑말똥 같은 놈! 우라질! 아 열 받어! 공구장에게 전화해보니 공구는 하나도 없단다.

앉아서 곰곰이 생각할수록 훔치러 가는 수밖에 다른 길이 없다. 사실 회사 안이라 모든 공구는 회사 재산! 여기 있는 공구를 저기로 옮기는 것이 도둑이 된다고 해도 할 수 없다. 시인이 도둑이 되어야지 아무도 없는 야심한 밤을 틈타 쥐도 새도 모르게 블록을 뛰어넘어 야광충이 되는 거야! 제대로!

지금은 정신의 타격을 주는 새벽 5시. 어제 너무 피곤하고 오늘 있을 도둑질을 생각하니 글을 쓰지 못했다. 남문에 내려 복지관에서 커피 한 잔……. 어디로 가볼까? 커피를 마시며 길을 횡단, 1도크 쪽으로 향한다. 크레인의 불빛이 새벽을 여는 야광충 같다. 철길을 살짝 벗어나는데 눈에 익은 한 줄! 용접선! 선명하다. 그라인드를 하면 쇠는 하얗게 번쩍여 멀리서 보아도 표시 나게 되어 있다. 손뼉을 칠 수밖에…….

노란 계단을 올랐다. 사람이 다니는 족장을 돌아 맨홀을 통과한다. 용접 피다기, 깡통, 에어호스 서너 개 예민한 냄새가 코를 찌른다. 호스를 따라 홀 구멍을 한 번 넘었다. 야! 왕재수! 이런 경우는 없다.

그라인드와 베이비를 손에 검어 쥔다. 어둠이 색상을 바꾸는 철길을 걸으며, 미안하이! 분명 공구 주인은 초짜! 다음부터 잘 숨기쇼! 시인도 잘 숨기지. 다시 폰으로 글을 쓰기 시작 얼마나 썼는지, 대략 30분 이쪽저쪽 하지만 시인도 모르는 사이, 아니 이게 웬걸! 그만 폰 제일 위 오른쪽을 터치! 취소를 누르다니! 글은 사라져 버렸다. 아니! 이런 개 같은 일이, 어떤 놈이 또 글까지 훔쳐가!

긴 머리 소녀

아주 아주 오랜 옛날에 긴 머리 소녀가 살고 있었다.

하루에 한 자씩 자라나는 머리카락을 그냥 그대로 두었는데, 마치 구름이 몰려오듯 시커먼 머리는 옆 마을까지 덮쳤다. 지붕을 감싼 머리카락은 겨울의 혹독한 추위를 막아주는 보호막이 되어, 이웃마을에 손자와 더불어 살고 있는 노인에게, 이 겨울이 싫지 않은 큰 위안이 되었다.

손끝에서 느껴지는 봄바람이 높은 산을 넘어와 소녀의 집 창가에 앉는다. 일어나 창문을 활짝 열고 코끝으로 봄을 맡았다.

상큼한 향기가 얼굴에 맴돌며, 어! 이 바람은? 너무나 시원한 바람이 온몸을 돌며, 벌이 꽃을 만지듯 한다. 소녀는 너무 좋아 살며시 누웠다.

꽃향기에 해를 묻어온 봄은 초가집을 뎁히기 시작했다. 창문을 열어도 머리카락, 마당도 머리카락, 노인은 겨울 한 철 잘 쓴 머리를 낫으로 베어버렸다.

"싹뚝! …"

투명한 귓불에서 감미로운 소리, 짤릴 때 싹, 떨어질 때 뚝, 귓가를 어루만지며 바람은 점점 시원해졌다.

"싹뚝 싹뚝, 싹– 싹– 싹!"

대청마루에 누운 소녀는 아지랑이처럼 번져오는 싹뚝 소리에 잠이 든다. 시원한 봄날에.

소설

미리의 안개꽃

미리를 만난 지가 얼마나 됐는지, 어젯밤에 햇수를 헤아려 보니 벌써 5년이 훌쩍 넘었다. 여전히 그때나 지금이나 여전히 아름답다. 한 번씩 표독스러울 때 빼고는, 나이에 걸맞지 않게 어려 보여, 미리를 좋아하는 사람이 많을 거라 생각한다.

두 번째 토요일이 미리 생일인데, 다른 사람이 안개꽃을 생일선물로 한 아름 안고 오면, 내 얼굴이 어떻게 변할지 걱정되기도 하고, 내심 안개꽃을 이번에는 꼭 해야겠다는 마음이 든다.

그녀가 한번 이런 말을 했지

'여태 생일이 되어도 크게 한번 받아 보지 못해서 이번에는 받고 싶네'

나는 눈을 크게 뜨고

'그것도 못 받았어? 나라면 매년 챙겨 줬을 건데'

은근히 기분이 좋아져서 어깨가 으쓱해진다.

단아한 눈빛으로 아주 멀리 내다보듯이, 무슨 생각을 깊이 하고 있는지…. 어쩌다 손을 올리거나 머리를 올릴 때, 미역을 감는 여인처럼, 탕에서 막 나와 수증기를 품고 있는 것 같다.

미리를 옥수동 시장에서 처음 봤을 때 아래위 하얀 운동복을 입고 하얀 개를 안고 있었지. 그 모습이 지금도 선하다. 한 번씩 멍한 눈으로 먼 곳을 보고는, 무엇을 찾는 사람처럼, 그 눈빛에 나도 멍해진다.

세 명의 형님과 미리, 미리의 친구, 우리는 문어를 시켜 소주를 한 잔씩 했다. 술은 잘 못하는 게 분명해. 나를 쳐다보지도 않는다. 한 번씩 자기 자신을 돌아보듯, 안으로 너무 뚫어지게 봐서 백치 같다는 느낌이 든다. 말없이 조그만 개를 안고 자기 애인인 양 쓰다듬는다.

"그래, 알았어."

개를 사랑하는 여인. 밤은 여인의 천국인가? 어둠이 내리며 얼굴은 더욱 희게 빛이 나고 고운 자태가 두드러진다. 나이 많은 판이 형님이 얘기한다.

"요즘은 다들 사랑싸움한다고, 정신없네. 한때는 먹고 산다고 정신없더니만. 세대가 바뀌었어."

홍이 형님이 거든다.

"그래, 맞아. 그렇게 보면 옛날이 좋아."

형님 두 분의 옛날이야기에 미리는 천장을 보고 있다.

미리 친구 말로는 미리는 남편이 있고 사이가 좋은지는 모르나 친구가 한 번씩 가게에 불러 심심함을 달래준단다.

술은 거의 못하고 항상 개를 안고 와서는 앉아 있다가 집으로 가곤 한다. 조용한 여자, 빈틈이 없어 보이는 얼굴이다.

미리 친구의 반찬가게, 좁은 방, 손님 없을 때 한 번씩 쉬려고 장판을 깔아 놓았는데, 다섯 명이 앉으려니 비좁았다. 형광등이 들어오고, 먼 이국땅에서 이제 막 돌아온 사람이, 따뜻한 아랫목에서 그리운 사람과 정답게 식사하는 장면, 연출은 내가 하고 주연은 미리, 아름답다는 생각이 든다.

내 옆에 미리가 앉았다. 순간 형광등이 나갔다가 들어온다. 무슨 전조나 되듯이 나를 엎질러서 다 쏟아 붓게 하고 자기는 태연히 가는 사람, 어떨 땐 얄밉기도 하고 그것이 사랑이면 오히려 감지덕지해야 하는 경우가 있지 않겠나. 향긋한 냄새가 노란 형광등에 반사된다. 추운 엄동설한인데도 하나도 안 추웠다. 미리는 말이 없다.

저녁 늦게 옥수 시장 앞에서 형님 차로 네 명이 탔다.

친구와 미리가 같이 손을 흔든다. 미리의 가슴에 안긴 강아지는 벌써 잠이 들었다. 우리는 헤어졌다.

지난 일들은 좋은 것이던 나쁜 것이던 추억이 되나 보다. 나쁜 일은 나쁜 데로 기억에 남아 자신을 헤친다. 좋은 일은 좋은 데로 기억에 남아, 문득 생각이 나며, 시간이 지나가면 그 또한 잊지 못할 추억이 되어, 자신을 헤치고 그리워한다.

형님을 통해서 알았기 때문에 더 이상 미리에게 따로 전화를 할 수 없었다. 고지식한 성격이라 싫어할 것은 뻔한 일이고, 더 이상 묻지 않는 게 올바른 행동이라고 생각했다. 그러고 나서 우리는 몇 번 더 만난 것 같다.

처음의 미묘함도 채 가시기 전에 우리는 다시 헤어졌다. 아무런 흔적도 없이 사라지는 바람처럼, 겨울이 한참 힘을 쓰고 있는 그때.

겨울의 징검다리가 두 번, 계절이 두 번 지나, 여름이 가을로 가는 길목에 어느덧 서 있다. 여름이 가져다주는 더위가 사람을 쥐어짜며 가을을 오지 못하게 막는 것 같다.

저녁 무렵 퇴근길에 장승포에 내렸다.

어느 노인이 병어 돔을 낚았는지 사람들이 웅성웅성하며 모여 있다. 네온사인이 벤치를 희미하게 비추며, 까만 바다가 어둠을 만들어, 장막을 치듯 해안에 서 있다.

벤치에 앉은 여인이 물끄러미 어둠을 보고 있다. 가로등에 비친 얼굴은 진한 화장에 더욱 희게 보이고, 사람들 틈에

묘한 향수가 번져, 지나가는 행인들이 한 번씩 힐끗 쳐다본다.

하얀 간판이 불이 들어와 더 환하다. 비치당구장이다. 길 건너 은행나무 앞에 희미한 '가인 호프'가 보인다. 늘 이쪽으로 지나면서도 들어가 보지는 않았다. 목련화를 연상하며 호프집으로 들어갔다.

입구에 동백꽃이 반기는데 꽃이 조화라서 신통찮다. 노란 불빛 아래 웬 흑백 사진이 벽 전체를 메우고 있다. 가게 주인이 메뉴판을 들고 왔다.

사진의 내력을 물어보니, 한의원 하시는 분인데 63년도에 장승포 언덕 위에서 파노라마로 찍었단다. 가게 여사장은 안경 너머로 흑백 사진을 보며 호프 드실 건지 물어본다.

호프를 시키고 사진에서 눈을 뗄 수가 없다. 지금의 장승포를 알아볼 수 없을 정도로 그 당시는 바닷물이 많이 들어와 있다. 해안가 도로와 벤치 앞으로는 매립을 하여서 포구가 더 늘어난 것이다.

그리고 옛날의 그리운 정이 묻어나는 초가집! 사진상으로만 보아도 초가집이 왜 그렇게도 많은지, 어릴 때 시골 큰 집에 가면 볼 수 있었던 정경이 이 한 장의 사진에 모두 농축되어 있다. 사진이 정겹게 느껴진다.

대략 50년 전에는 살기가 힘들었을 것이다. 학교 건물이 보이는데 장승포 초등학교가 분명해. 다른 것들은 그토록 많은 세월에 모두 바뀌었는데, 역시 학교는 지금이나 그때나 변함없이 그 터에 그 자리에 힘 있게 서 있다.

가게 주인은 성격이 활달하다. 자기 말로 계산하면 나보다 두 살 아래인데, 붙임성이 좋고 서글서글해서 낙천적으로 보인다. 누군가 나이 많으신 분이 진아라고 부르기에 앞으로 진 사장으로 불러줘야지.

서실에서 월간서예를 보고 있으니 동우 형이 들어왔다.

"형, 오랜만입니다. 얼마 만입니까? 통 서실에 나오시지도 않고."

형은 멋쩍어하며 머리를 긁는다.

"요즈음, 서실 한번 오기가 쉽지 않네. 저녁 되면 웬 사람들이 전화를 해 대는지."

반가워 커피 한잔 대접했다.

성격이 점잖은 사람이라 말 수도 별로 없다. 술에는 장사 없다는 말이 있는데 동우 형은 예외일 거다. 정말 술에 장사임은 틀림없다. 몇 번 같이 먹어 봤지만, 말술에도 끄떡없는 체력을 가진 소유자다. 또한 손아래 동생들이 잘 따르고 리더십이 있어서 듬직하기도 하다.

어느 정도 각자 서예 글을 쓰다가 동우 형과 같이 가인으로 갔다. 어두운 그림자가 길 건너 길게 꺾이어 있다. 열심히 전화를 받고 있는 중이다. 확실히 술친구로 인기 짱인 모양이다.

내가 찍은 작품처럼 흑백사진을 설명했다. 형은 계속 웃고 있다. 진 사장은 관객이 되어 연거푸 맞다는 말만 한다. 역시 형도 가벼운 호프에 분위기가 마음에 드는 모양이다. 눈빛이 자주 들르겠다는 암시를 준다.

형은 손가락을 탁자에 살짝 두드린다. 무슨 신호 같기도 하고, 아니면 기분이 좋아서 그러는지, 그전에는 없던 일이다. 궁금해서 물어보았다. 형은,

"아니, 내가 언제? 그러고 보니 기분 안 좋을 것까지는 없는데, 물어보니 말해주지. 저번 주 축구경기를 했는데, 아, 글쎄, 5대 0이 말이 돼? 안 그래? 동생들한테 한 마디 단단히 했지. 정신 차리라고."

진 사장은 전화하느라고 정신이 없다. 안경이 도수가 제법 있다. 멀리서 보아도 어른거리는 안경알이 코에 걸려 있다. 전화를 끄더니,

"오늘 아르바이트하실 아주머니가 와요. 사실 내가 힘들어서 한 명 구했어요."

장사가 잘 되고 있는 모양이다. 하기야 평수가 눈대중으로 봐도 30평은 됨직하다. 음식을 잘하는 진 사장이라 손님이 제법 있을 것이다.

형은 들어올 때부터 계속 흑백 사진만 보고 있다. 두 명이

사진에 빠져 있다가 누가 들어오는지도 몰랐다. 소리 나는 쪽으로 눈을 돌렸다가 얼마나 놀랐는지!

"아니!!! 미리! 당신이 어쩐 일로!"

모든 것이 뚜렷하게 기억난다. 얼굴의 명확한 각인, 그리고 눈빛. 미리는 순간 나를 모르는 것 같았다. 그러면서 웃으며,

"깜박, 얼굴을 몰라봤습니다. 어떻게 잘 지내세요?"

"예, 그때 만난 이후로 벌써 3년이 다 되어 가네요."

형은 어리둥절하게 보고 있다.

예쁜 아주머니가 눈을 깜박이며 쳐다보는데, 형도 깜박인다. 미리는 여전히 아름답다. 힙합 바지에 하얀 블라우스, 길다란 귀걸이, 깔끔한 이미지가 눈으로 들어와 불빛과 섞여지고, 미묘한 감정이 샘솟는다.

그러다 갑자기 알바를 하는 이유가 궁금해졌다. 옥수 시장에 처음 만났을 때 남편이 연봉이 제법 되는 걸로 알아서, 왜 알바를 하는지 알고 싶었다. 미리의 얘기는 뉘앙스가 있는 말을 한다.

"남편이 작년에 사직서를 냈어요. 일자리가 마땅찮아 집에서 쉬고 있어요. 그리고 사실 나와 나이 차이가 10년 정도 나거든요."

우리는 놀라고 있다. 나이가 5살 정도 차이가 나도 세대가 틀리다며 다투지 않는가. 힘들게 살고 있다는 게 눈에 보인다.

“남편이 집에 있을 때는 괜히 내가 눈치가 보여서 친구 집에 가기도 했지요. 나중에는 그것도 싫증이 나데요. 옛날에 장사를 한 경험도 있고 해서, 아는 사람을 통하다 진아를 만났어요.”

가만히 듣다 보니 너무 말을 잘한다. 조용한 가정주부에서 말 잘하는 알바생이라, 괜찮은 것 같다. 사람이 말을 하기 시작하면 성격을 곧바로 알 수 있다. 살짝 치부라면 치부인데, 남편과의 관계를 내비치는 것은, 특이한 미리의 성격 때문이다.

“내일부터 정식으로 일 할 거예요. 그럼 다음에 봐요.”

다소곳하면서 빈틈없는 행동은 여전하다. 미리가 가고 우리도 일어났다.

“앞에 해안가에 가서 바람이나 쏘이죠?”

영우는 두 살 아래 동생이다. 조금 이국적으로 생긴데다가 몸집이 왜소하다. 입맛이 까다롭고 사람들과 어울리는 성격도 아니다. 나는 그런 영우를 잘 안다. 나와의 관계는 그냥 술친구 정도. 속마음을 내비치지 않으니 누가 그 친구를 좋아하겠는가? 그렇지만 술친구로는 그저 그만이다.

술 매너는 내가 제일 안 좋다. 약간 괴팍한 성격이 술로 인해서 한 번씩 발동한다. 영우는 거기에 매너까지 좋다. 그 매너가 특히 돋보이는 것은 여자가 끼였을 때, 말도 많아지고 행동이 바뀌기 시작한다. 다른 쪽은 관심이 없는 것 같다.

미리가 알바한 뒤로 몇 번 갔었고 영우를 소개시켜 줬다. 처음 영우는 한마디로 넋 나간 사람처럼 쳐다본다. 생색은 일체 내지 않으며 짐짓 아니라고 얘기하지만, 나의 눈을 속일 수는 없다.

그리고 어느 날인가 미리는 나에게 친구 하자며 선뜻 얘기했다. 다정다감한 미리의 말에 안 들어 줄 사람이 누가 있겠는가? 좋아한다는 것과 사랑한다는 것이 다른 것인가? 점점 빠져드는 관계 속에, 그래도 친구라는 명분이 항상 따라다니고 정숙한 미리는 남편에게도 사랑을 놓치지 않는 현모양처랄까?

나는 한편으로 편하다. 친구이기 때문이다. 사랑은 멀리 보내고 남녀관계가 친구지간으로 지내는 게 가능할까?

불가능할 것 같다. 그러나 다행 중에 다행인 건, 아직은 미리를 사랑하지 않고 있다는 사실이다.

처음 보았을 때나 지금이나 그냥 편안한 사람으로 생각한다. 어렸을 때 옆 동네에 사는 차분한 아가씨, 크게 튀지도 않고 그렇다고 동네에 없으면 안 되는 아가씨. 그래서 친구가 충분히 와 닿는다.

그해 겨울이 추위를 단단히 가져와 장승포를 얼음 상자에 가두고 손은 얼어붙어 털장갑을 끼고 출퇴근해야 했다.

12월은 막달의 쓴맛과 오금을 저리는 날씨가 합쳐져 더욱 을씨년스럽고 쓸쓸한 분위기를 조성했다. 서실의 회원전이 보름에 개최되는데, 적은 돈으로 행사하기가 벅차, 결국 서실에 있는 탁자와 의자를 모두 들어내고, 행사 공간을 만들었다. 모두 들어내고 대청소를 하니 깨끗한 전시회장이 마련되었다.

여러 사람이 각각 손을 내밀어 도와주니까, 일은 일사천리로 진행되어, 충분히 회원전을 치를 수 있게 되었다. 작품을 모두 가져와 하나씩 걸면서, 그래도 한 해 동안 써온 글이라 애정어린 눈길로 봐진다. 동우형도 선배님도 오셨다.

"선배님, 내 작품을 걸고 있으니까. 그래도 기분은 좋습니다. 선배님, 작품은 어디에 있습니까?"

편안한 웃음을 지으며 자기가 쓴 글을 본다. '군자지덕풍' 군자의 덕은 바람과 같다.

"바람이라! 바람은 좋은 말이야. 또 이런 말도 있지, 그물에 걸리지 않는 바람처럼, 무소의 뿔처럼 혼자 가라."

선배님의 예서체는 언제 보아도 물 흐르듯 한다. 글씨에 정말 물을 부어 볼까? 아름다움은 어디든 존재한다.

마음에도 글에도 사랑에 눈뜬 사람에게도, 마치 바람같이, 못난 사람이나 잘난 사람이나 공평하게 불어온다.

아름다움이 얼마나 공평한가! 세상 누구에게도 다가가는 용기 있는 아름다움 아닌가?

전시회는 성황리에 개최되었다.

특별한 날이라 나는 까만 외투에 하얀 털 조끼를 입었다. 장승포 사람은 다 온 것 같다. 가장 기뻤던 것은 미리와 진 사장이 전시장에 온 것이다.

빨간 스웨터에 긴 금색 목걸이를 한 미리는 사람들 속에서 독보적인 존재로, 그녀를 쳐다보는 사람들이, 나를 뚫어지게 보고 있으니, 약간 당황하면서도 속으로 얼마나 기쁜지. 그녀는 사뿐사뿐 걸어 전시장을 한 바퀴 돌았다. 마치 새가 걸어가는 것 같다.

분명 남편은 행복에 겨워할 것이다. 저런 천사를 아내로 맞이하다니! 새삼, 아름다운 여인이라는 생각이 든다.

나긋나긋한 허리, 사람들이 그녀를 보며 경탄해 마지않는 찬사를 보내고, 이구동성으로 소곤대는 소리를 들으면 우쭐해진다. 시간이 갈수록 점점 가까이 다가오는 미리! 이 난폭한 겨울도 비켜갈 만한 여인이 되어 사랑의 왕국으로 초대받을 수 있을까? 사랑은 또한 가능한 일인가? 남편과의 사랑은? 언감생심! 내가 들어갈 자리가 있는가? 불가능이 더 많을 것 같다.

겨울 모자를 쓴 여인은 나에게 아무것도 모른다는 식으로 천진난만하게 쳐다본다. 어린아이가 되어, 그냥 좋아라고 이리저리 돌아다닌다. 화장기가 살짝 있는 얼굴이, 전시하고 있는 액자에 반사되어, 추운 날씨를 녹이고 마음까지 녹이고 있다.

바다에 서면 바다에 안기고 싶다. 저 바다가 나를 부르면 언제든지 갈 준비가 되어 있다. 푸르름이 더해 나를 쥐어짜도, 불평하지도 않을 것이고 사랑이 가슴을 찔러도 아파하지도 않으리! 바다에 서면 나를 버릴 수 있다.

나에게 들어와 그토록 애간장을 녹이고 못살게 하고 힘들게 하며 생각도 못 하게 배회하게 만드는 바다!

말을 하라고 다그치고 싶다. 왜 말을 못하는지, 이 이기적인 내 자신을 탓해야 하나. 사람으로 태어나 바다를 생각하는 것은 무한대를 바라보는 인간의 그리움일지도 모른다.

부디 말을 해다오. 마음이 썩어서 찢어지고 산산이 부서져도 그냥 그대로의 바다! 마음에서 너의 정체를 없애려면 어떻게 해야 하나. 대답해다오 바다여!

미리가 사라졌다!

그때가 봄이 한창일 때, 가로수의 잎들이 봄비에 젖어

녹색 화원을 만들고 그림같이 그려지는 장승포를 배경으로 여주인공 미리가 사라져 버렸다. 도대체 무슨 일이 일어난 거지? 진 사장도 내막을 모른다. 전화도 받지 않고 출근도 안 한다. 어디로 갔는지 어디에 있는지, 아는 사람도 없고 물어볼 사람도 없다.

궁금한 사람은 나밖에 없는 것 같다. 진 사장은 태연하고 영우는 좀 더 기다려 보자고 얘기한다. 다른 방법이 안 보인다. 연락 두절은 치명적인 상처를 주었다.

미리가 없는 장승포는 모든 의미가 녹아내리는 무방비 상태를 연출했다. 그리고 사랑의 공백! 결정적인 독배를 나에게 마시도록 종용하고, 쓰디 쓴 사랑을 마시게 한다.

미리가 없으니 미리가 더 보고 싶다. 하루 이틀… 일주일, 왜? 그녀는 나타나지 않는 걸까? 분명 집안에 일이 생겼어. 그러지 않고서야 전화가 안 될 이유가 없다.

회사를 가도 일이 손에 잡히지 않는다. 온통 미리의 생각으로 가득 차 어떨 땐 깜짝깜짝 놀란다. 요술을 부리듯이 미리에게 가있는 내 자신을 거울에서 보고 있었다. 사랑이 싹터 잎이 무성한 거울 속의 장승포!

10일째 되는 날 기다리는 전화가 왔다. 천사가 모습은 드러내지 않고 소리만 들린다.

"미안해, 연락 못 줘서. 사실 지금 부산대학병원이야. 남편이 발을 다쳤거든. 차가 발등을 올라타서 발이 다 뭉개졌어. 실핏줄이 끊어져 수술했는데 앞으로 걷지는 못한데. 걱정 많이 했지?"

눈시울이 뜨거워진 나의 눈을 미리가 보았더라면,

"…그런 일이 있었네. 우리는 그것도 모르고…. 병원에서 남편 수발을 들어야 되겠네. 힘들더라도 어쩌겠어. 식사 거르지 말고 잘 챙겨 먹어."

미리의 힘없는 목소리에 거친 음성,

"다음에 또 연락할게. 아참, 앞으로 두 달은 병원에 있어야 해. 진 사장한테 얘기 좀 해줘."

가슴이 썰렁하다. 두 달이라. 너무 많은 시간이다.

"그래, 알았어. 몸 건강히 지내야 돼."

사고가 있었지만, 가정을 중요시 여기는 미리는 남편의 뒷바라지에 온 힘을 쏟았다. 그러나 사랑이 쌓여서 주체를 못할 정도가 되어야 하는데, 정당한 아내의 역할과 내조로써, 어딘지 모르게 어두운 빛이 미리의 눈 속에 있다.

그래도 그녀는 외관상으로는 남편을 사랑하는 사람이다. 가정에 충실한 여자, 그래서 앞으로 2개월간은 보지 못한다는 것, 그 시간이 그보다 더 길어질지 알 수 없는 노릇이다.

아침저녁으로 그녀의 얼굴이 떠오른다. 화장을 하지 않아도 곱상한 얼굴, 티 없는 눈웃음, 꼿꼿한 허리, 생각은 끊임없이 이어진다. 일부러 떠나려고 미리 준비해 놓은 선물 같기도 하다. 언제까지나 이런 생활이 반복될까! 한 번씩 전화를 해보지만, 목소리 듣는 것만으로는 성이 안 찬다.

마치 미리의 유령이 장승포를 떠다니는 것 같았다.

한 날 전화가 왔다.

"도니, 잘 있었어? 우리 한 번 만나자. 내일 오후에 어때? 내일 옥수동 집에 갈 건데 가는 길에 만나자. 영우도 오라고 해."

영우도 오라고 해! 도대체 이게 무슨 말이냐! 그전에도 꼭 영우와 같이 오게 만들더니. 이번에도 그렇게 해야 하나.

"응… 응, 알았어."

미리에게 그렇게 하겠다고 약속했다. 미리의 마음은 어떤 것인지 애매할 때가 있다. 바로 이럴 때, 나와의 거리감이 순간 너무 벌어져 다시 돌아올 수 없을 것 같은 예감이 솟구치며 나의 정체성마저 흔들려 한편으로는 지남철처럼 원을 그리며 끌려가는 쇳가루 같은 존재, 허구에 차 있는 내 자신을 바라본다.

미리가 내일 만나자는 이유는 모르겠다. 모든 것은 시간이 지나면 밝혀진다. 그 어떠한 내막도 가려지는 게 세월 아닌가? 미리를 안 본 지가 한 달 반이 넘었다. 몸은 괜찮은지 궁금하다.

하늘을 머리에 두고 키다리 은행나무가 우리를 쳐다보고 있다. 영우와 나는 벌써 와서 기다린다. 미리는 한참 뒤에 왔다. 새로 난 거가대교를 넘어오다가 옥포에 잠시 들렀단다. 얼굴이 많이 부어 있다. 그래도 그 이쁜 얼굴은 여전하다.

"다들, 잘 지냈어?"

미리 얼굴에 나타난 근심을 읽으며 아무렇지도 않다는 듯, 내가 얘기했다.

"미리가 없는데 잘 지낼 턱이 없지. 안 그래?"

"누님 보니까. 살 만합니다. 얼굴이 부었네요."

생각해줘서 고맙다는 투로,

"잠을 못 자서 그래. 병원이란 데가 그렇잖아. 아… 개업하게 됐어. 옥포에서 호프집 하려고."

영우와 나는 놀랬다. 미리다운 생각이다.

허를 찌르는 전형적인 사람, 자기가 내키면 하고 하기 싫으면 안 하고, 보통 사람은 그렇게 안 된다. 남의 눈치를 보니까. 그런데 기분이 썩 좋지가 못하다.

분명 호프집을 계약하려면 옥포를 몇 번 왕복했을 건데 나에게 그런 말이라도 해줘야 되는 게 아닌가. 서운한 마음이 허전한 마음으로 바뀌어 간다.

저! 예쁜 머리로 우리를 저울질하고 있는가?

장승포 5구 쪽에 있는 미조 장어구이 집으로 갔다. 이 집의 장어구이가 맛이 있다. 일전에도 몇 번 왔었다. 장승포항이 파노라마처럼 내려다보이고 나가는 배, 들어오는 배가 한눈에 들어온다. 특히 여름에 시원한 바닷바람을 맞으며 장어구이를 먹는 건 일품이다. 자리에 앉자마자 미리는,

"아저씨가 몸이 안 좋아서 내가 나서야 한다고 생각했어. 물론 아저씨는 극구 반대야. 그래도 어쩌겠어. 자기 발이 그렇게 된걸. 한 달이 넘도록 설득했지. 그리고 계약까지 된 거야. 너희들이 이해해주기를 바래."

하고 싶은 말을 참다가 그래도 걱정이 된다.

"장사를 하려면 돈이 많이 들어갈 텐데. 준비는 했겠지만. 직접 장사한다는 건 다른 문제야. 특히 술장사는 말이야."

장승포항을 한 번 둘러보더니,

"아니, 이번에는 꼭 해야겠어. 조금 절박하거든."

그녀는 순간 생각에 잠긴 듯 천장을 쳐다보고 있다.

"그래, 개업은 언제 할 건데?"

사무적인 눈빛으로 미리를 쳐다보며 물었다.

"응, 이 주 뒤에 할 거야. 그날은 꼭 와야 돼."

사람이 한 번 결심하면 무섭게 한다더니 미리를 두고 한 말이다. 뒤도 안 돌아보고 개업 준비를 했다.

진 사장에게는 나가지 못한다고 얘기하고 자기 가게에 대한 열정만 불태우고 있었다.

이 와중에 미리의 멤버가 한 명 더 들어왔는데, 철이다. 나이가 제일 적은 철이는 왕년에 DJ를 한 경력을 갖고 있다.

말은 그 덕분에 청산유수가 되었고, 성격이 완전 오버하는 스타일이라 내심 걱정이 된다. 이 친구는 얼마나 오버하는지 미리를 안지가 몇일 되지도 않았는데 벌써 '누님! 누님! 사랑합니다. 누님!' 아예 노래를 부른다. 그 안에는 장난이 99퍼센트지만.

개업 날 예상 밖으로 사람들이 별로 없었다.

마지막 남은 사람들은 나, 영우, 철이, 동우형, 원 멤버들만 남았다. 우리는 한결같이 미리의 가게가 잘 되기를 바란다. 게으른 사람을 싫어하는 미리라서 자신은 더 부지런하게 할 것이다. 가게는 바쁜 일이 있어도 비워두지 못한다. 항상 열어두고 손님을 맞이해야 한다. 미리는 그런 면에서 최고의 장점을 가지고 있다. 사람들과 어울리는 걸 좋아하니까.

이 무렵 우리 중에 제일 먼저 그리고 성격이 제대로 바뀐 친구는 영우였다. 그 친구의 눈빛이 그전부터 약간 음침한 데가 있긴 했지만, 설마 하고 있었다.

미리는 모르는 듯 알고 있는 듯 종잡을 수 없는 행동을 보여줬고 나는 나대로 미리의 장점, 눈에 보이는 살랑대는 머리, 눈웃음, 예술가처럼 걷는 걸음, 그런 것에 빠져들었다.

분명 미리는 알고 있다. 나의 눈동자와 영우의 음침한 눈빛을! 그건 시간이 갈수록 심각한 수준에 달했고 내가 영우를 꾸짖었다.

"영우야, 네가 미리를 좋아한다 치자. 두 사람만 있을 때는 누구도 얘기할 사람 없지만, 사람들과 어울릴 때는 삼가해야 할 행동이 있는 거야. 절제를 해가면서 같이 지내보자. 솔직히 우리 중에 미리 안 좋아하는 사람 있나? 안 그래?"

눈을 똑바로 뜬 영우는 가당찮다는 뜻으로,

"형님, 내가 언제 그랬습니까? 형님이 오히려 이상한 눈으로 보는 거 아닙니까? 난, 이해가 안 됩니다."

더 이상 얘기를 못 하겠다. 얘기를 계속하면 역시 같은 말의 반복일 것이다. 나는 속으로 괘씸한 놈이라고 생각했다.

말을 해도 그냥 '내가 그렇게 비쳤습니까? 다음부터 조심하겠습니다.' 그러면 끝나는 것이 아닌가? 사람의 고집이 무덤까지 간다더니 영우는 황소고집임에는 틀림없다.

또 한 가지, 모임에 참석하라고 얘기하면 처음은 못 온다고 했다가 미리의 한마디면 다람쥐처럼 오는 친구가 아닌가!

덜떨어진 친구를 내가 여태 친구로 받아 줬으니 나 또한 사람 볼 줄 모르는 모양이다. 이래저래 줄타기를 하고 있었다.

여기에, 갑자기 웃음이 난다. 결정적인 건 영우, 철이도 아니고 동우형, 내가 누구한테 들었다는 말은 못하겠다.

동우 형이 한날 가게에 와서 안절부절못하며 손님들이 가기를 기다렸다. 그날따라 손님이 연이어 들어와 계속 시간을 보며 앉아 있었다. 드디어 손님이 없는 마치는 시간에 한 손을 주머니에 찌르고, 미리에게 사랑 고백을 했다. 무슨 이런 일이, 가능한가? 미리는 단호하게 거절했단다.

지독한 여름이 태양의 기울기에 시들해지고 찬바람이 불어 오더니 어느새 추석이 다가온다. 해안으로 산책을 갔다.

'이번 생일은 꼭 안개꽃을 받아보고 싶어.' 미리가 안개꽃을 받아들고 가게를 한 바퀴 휘돌아간다. 그리고 천사의 미소를 지으며 맑은 얼굴을 안개꽃에 묻는다. 행복이 찾아와 가슴을 부풀리고 풍선이 되어 가을 하늘로 날아간다. 하늘의 푸른 빛이 해안을 돌며 사람들에게 얘기한다. 행복한 마음이 이런 거랍니다. 아! 그러나 너무 높이 날아간 풍선은 그만 터지고 만다.

카페 하우디에 앉아 여러 가지 상념에 잡혀있다. 커피의 진한 향기가 바다의 짠 내와 섞여 보다 진하게 느껴진다.

하우디 커피숍이 생긴지 얼마 안 됐지만, 여기 앉아 있으면 포구가 한 눈에 들어온다. 파란 바다를 보고 있는데 무슨 일인지 철이한테 전화가 왔다.

"형님, 어디십니까? 옥포 가게로 오시죠. 오늘 멤버들 다 모이기로 했습니다."

왜 만나자는 지 물어볼 필요는 없다. 늘 이런 식으로 만나니까 알았다고 얘기하고 커피를 마저 마셨다.

이즈음 미리에게 변화 같지 않은 변화가 있었다. 남편이 다친 뒤로 조금씩 다투는 일이 생기면서 개업을 하고는 미리가 가게에 매진하자 남편은 달갑게 생각하지 않는 모양이다.

충분히 이해가 된다. 어떤 큰 일이 생긴 뒤에는 변화가 있기 마련이니 부부지간의 관계도 조금씩 멀어질 수 있다. 미리는 아무렇지도 않게 생각하겠지만 옆에서 보는 우리는 금방 알 수 있는 문제이다.

늦게 옥포 가게에 도착했다. 늘 보는 사람들, 약간 짜증이 난다. 짙은 갈색 탁자에 형광등이 살짝 반사된다. 눈을 슬며시 감으며 미리를 봤다. 다소곳하게 앉아 있다. 동우 형은 아니나 다를까 전화 중이고 영우는 메뉴판을 보고 있다. 철이의 눈이

크게 떠지며,

"형님, 낮에 어디 있었습니까? 전화받을 때……."

대꾸할 의무는 없다. 그래도 동생인데,

"응, 장승포 벤치에 있었지. 낮부터 술을 먹을 수는 없잖아. 일부러 피했어."

영우는 살짝 취해있다. 눈이 말을 한다. 음험한 눈에 보이는 광채. 동우 형을 쳐다보며 자리에 앉았다. 철이가 모두 모인 걸 확인하고 일장연설을 한다.

"에, 음, 모두 모였으니까. 말씀드리겠습니다. 다들 아시지만 이번 주 미리 누님 생일입니다. 우리가 여태 남의 생일을 잘 챙겨주지 못했지만, 누님 생일만큼은 챙겨줍시다. 어떤 누님입니까? 사랑하는 누님 아닙니까? 그래서 그날 조금 준비할 것도 있고 누구 한 사람이 생일 선물을 다 하는 거보다는 각자 조금씩 맡아서 하는 게 효율적이라 생각합니다. 여러분은 어떻게 생각합니까?"

분담을 하자는 말에 영우가 찬성한다며 나섰다. 동우 형은 말이 없다. 철이가 나를 본다. 나는 깊이 생각하고 있는 중이다. 그런데 철이가,

"이 말씀을 드려야겠습니다. 제일 문제는 안개꽃인데 누가 가져오겠습니까? 참 어려운 문제입니다. 누님이 제일 좋아하는 꽃이라서…."

하마터면 자리에 벌떡 일어날 뻔했다. 놀람을 넘어서 정신이 없다. 도대체 미리는 무슨 마음을 먹고 있지? 나와 동일 선상에서 나에게 그토록 부드럽게 안개꽃을 얘기했건만 철이, 영우도 다 아는 사실 아닌가?

부끄러운 생각이 앞선다. 그런 미리는 뭐 하고 있을까? 마냥 앉아서 우리 얘기를 듣고는 웃고 있다.

아! 난처한 입장! 이럴 때 제일 좋은 방법은? 순간적으로 떠오르는 게 있다.

"정, 그러면, 모두 안개꽃을 가져오지 말자! 그 대신에 다른 선물을 멋지게 준비하면 되지."

모두 나를 본다. 마치 나의 얼굴에 무엇이 묻었는지, 쳐다보는 기세가 예사롭지 않다. 전부 꿀 먹은 벙어리가 되었다. 제일 중요한 꽃을 뺀다. 그렇게 되면 어떻게 되지? 다들 생각에 잠겼다.

미리의 이름다운 눈이 살짝 감긴다. 네 명의 용사 중에 살아남는 자에게 무엇을 주려는 사람처럼 한명 한명씩 둘러보고 있다. 동우 형은 전에 했던 버릇, 손가락을 탁자에 두드린다. 영우는 눈을 깜박이더니,

"형님, 그래도, 누님인데 꽃을 선물 안 하면 생일의 의미가 있습니까?"

나는 영우를 똑바로 쳐다보며,

"그러면, 이렇게 하지. 안개꽃만 꽃이 아니잖아! 다른 꽃을 선물로 주는 거야. 어때?"

영우는 눈을 반쯤 감으며 그 정도면 안되겠냐는 눈짓이다. 미리는 뭐가 우스운지 쓴웃음을 짓는다. 사실, 미리의 애인이 따로 있는지, 우리로서는 알 방법이 없다. 스타일로 볼 때는 충분히 가능한 얘기다. 그 애인이 안개꽃을 들고 오면, 생각만 해도 아찔하다.

결국, 케이크는 내가 사기로 하고 조그만 선물은 동우형과 영우, 철이는 꽃을 사기로 했다. 자! 모든 게 준비되었다. 바로, 미리가 만들어 놓은 울타리 안에서 미리가 원하는 데로 우리는 연극대사만 외우면 된다. 코케트 같은 미리!

바람이 얼마나 부는지 눈을 뜰 수가 없다. 아직 녹색이 채 가시지 않은 은행잎이 한쪽으로 실려 간다.

토요일, 옥포는 외지로 나가려는 차량으로 복잡하다. 사람들의 표정이 밝다. 가게 윈도우에는 손님들에게 팔려고 내놓은 물건들로 가득 차 있다. 걸음을 옮기다 파리바케트로 들어갔다. 뭘 고를까? 방금 만든 케이크를 예쁜 아가씨가 들고 사뿐히 걸어온다.

"아가씨. 그 케이크에 분홍색은 없어요?"

눈을 살짝 떴다가 감으며, 지금 없다는 표정을 짓는다.

그렇다면……. 아! 이것은, 비슷하다. 안개꽃! 점점이 박혀 있는 하얀 꽃, 살짝 앉은 분홍 장미, 거의 완벽하지 않는가. 아가씨에게 포장을 해달라고 얘기했다.

"나이는 어떻게 하죠?"

금방 생각이 안 난다. 정확한 나이를 몰라서가 아니라, 미리에 걸맞는 나이가 돼야지.

"30살요."

내가 생각해도 기가 막힌다. 미리의 나이는 37살이다. 거리를 걷다가 꽃집을 봤다. 다음 생일 때는 꼭 안개꽃을 사줘야지. 내심 미안하기도 하고 아쉽기도 했다. 이번 기회를 놓치면 다음 기회가 또 올는지.

가게에 막 들어서는데, 누가 먼저 와있다. 안개꽃? 영우! 저 친구가? 영우도 놀라며 나를 보며,

"설마, 꽃?"

"야, 아무리 내가 그러겠느냐?"

"너희는 만나면 싸우니."

미리가 나선다. 그러고 보니, 미리의 패션은 착 달라붙는 하늘색 원피스에 허리에 두른 금색 띠, 날아갈 듯한 갈색 앵글 부츠를 신었다. 영우와 나는 자리에 앉아 동우 형과 철이를 기다렸다. 갑자기 미리가,

"철이가 좀 늦는데."

이상한 생각이 든다. 시간을 정확히 지키는 친구가 늦는다고

했을 때는 뭔가 구린내가 나는 것 같다. 얼마 지나지 않아 동우 형이 왔다. 이제 세 명은 한 명만 기다리면 된다.

철이 요놈 머리 쓰는 거 아닌가? 한 시간이 그냥 흘러갔다. 우리는 확신했다. 미리에게 이 시간 이후 안개꽃을 들고 나타날 사람은 철이, 분명 맞아, 이 친구가 이렇게 늦는 건 꿍꿍이속이 있는 거야. 제일 어린 막내가 머리를 써, 괘씸한 놈! 우리는 열이 나기 시작했다.

모두 철이를 속에 담고, 소주를 연거푸 먹었다. 술에 취하고, 마음에도 취기가 오른다. 동우 형은 속에 화가 치미는지 손바닥으로 탁자를 친다.

어둠이 거리를 삼키며 마음까지도 어두워지고 있는 그때! 문이 활짝 열리더니 안개꽃!!! 아! 아! 악!!!!! 술이 취한 우리는 그만,

"이 새끼야! 너 뭐하는 놈이야! 어?"

"야!… 아!… 악?…."

"철이!…… 악!…… 어어???…."

안개꽃! 한 아름에, 별처럼 빛나는 장미들! 앳된 소년이, 미리에게 안개꽃을 건넨다. 눈을 부릅뜬 우리는 모두 뒤로 넘어졌다. 아들의 따뜻함에 환하게 웃는 미리,

"이런 걸 왜 사오니. 우리 아들! 고마워."

아들에 보내는 애틋한 정이 흐른다.

"엄마! 아빠, 오셨어요. 아빠! 빨리 오세요."

남편은 목발을 짚고 들어온다. 나이는 들어 보여도 건강하게 보인다. 그런데 높은 이마에서 흘러나오는 듬직한 눈빛이 우리를 압도하며 이목구비가 뚜렷하여 어디 흠잡을 데가 없는 얼굴이다. 우리는 한 번 더 넘어졌고 미리 또한 얼마나 놀라는지. 그리고는 그 특유의 천사 같은 미소가 흐른다. 우리는 그 미소 때문에 다시 넘어지고, 미리는,

"이렇게까지 안 해도 되는데…."

남편은 사랑의 희미한 흔적을 떠올리며 말없이 웃고 있다. 미리는 그 흔적을 지우려고 애쓰는 듯 눈웃음치며, 아! 남겨진 우리는 바람에 날아가는 사랑을 보며 웃고 잘생긴 아들만 환하게 웃는다.

미리의 울타리에 남편, 아들, 우리 모두 갇히어 그날 저녁은 술을 아무리 먹어도 취하지 않았다.

시

미리의 안개꽃

안개가 자욱한 길에
사랑의 꽃그림자 누워
속삭이듯 울먹이며
길가에 묻혀있는 안개꽃

길은 낮은 잔디 사이로
안개를 뿌리며 서 있고
꽃종아리 점점이 이어져
뿌연 연기 희미한데

길 저편에 보이는 듯
푸른 화원의 꽃무늬
돋보이듯 길게 뻗어져 나와

안개를 휘저으며 간다

길이 다른 노란 꽃더미에
푸른 잎사귀 살짝 떨어져
바람이 불어 흔들리는데
속살에 보이는 하늘 꽃문양

안개에 별빛 나는 하얀 꽃
길 한쪽에 서서 기다린다
그대 안개를 안고 오는 여인
푸른 옷소매에 하얀 눈물!

하얀 꽃등에
그대 옷자락 스치며
푸른 안개꽃에 묻어나는
백옥같은 얼굴!

한여름밤의 꿈

우리가 꿈꾸던 그 날!
붉은 해는
매혹적인 어둠에 넘어간다
지독한 무더위가
밤마저 사랑하여
한여름밤을 잘 익은
복숭아처럼 탐스럽게
열리게 하더니

우리가 꿈꾸던 그 날
흰 백사장에 별빛이
어항에 담긴
물방울 마냥 반짝거려
하얀 파도따라
길고 긴 밤의 여행이 시작되던
그 꿈을 꾸는 바로 그 날!

우리가 꿈꾸던 그 날은
불꽃이 어둠을 끌어안아
늦은 밤의 만남을 눈물겨워 하듯이
너의 꿈이 내게로 와
나의 꿈이 이루지는 그날!
한여름밤의 꿈이
우리의 손에 별처럼
자고 있느니
아! 우리가 꿈꾸는 그 꿈!

두 남녀의 사랑이야기

슬픔에 겨운 그대 눈동자
흐르는 빗방울에
가는 손 살며시 잡은 우산

당신이 떠나면
언제쯤 돌아올지

상념의 그대 발자국
해안에 뿌려지는
그리움의 하얀 날개들

어쩔 수 없는 일입니다
그래도
사랑 변치 않는다는 말
아직도 유효한지요

젖은 소매는
부드러운 손으로 감치며

투명한 피부를
회색으로 물들인다

사랑하니까

윈도우에 쏟아지는 비!
물 묻은 머리카락
비안개에 맺혀
하얀 휴지 묻어나는
그대의 슬픈 모습은
안개 낀 해안을
둘이서 걸어갔던
옛 기억
뿌연 안갯속으로!

어쩜 이렇게 안개가
이쁘지

환상적인
당신을 위한 안개!

두 손을 잡고 넘어질 듯
가냘픈 허리
바다 난간에 기대어

안개에 가린 그대 입술은
나의 천국입니다

넌지시 멀어지는 그대는
바다 요정처럼
잠시 사라졌다가
돌아오는 등대 불빛
그녀의 아름다운 흰꽃 문양!
바람을 타듯
연인은 포옹하며
깨끗한 길을

맨발이 춤추듯 돌아간다

앞도 안 보이는
육중한 비는
윈도우 브러쉬로
물파문을 일으키고
눈 부신 헤드라이트의
퍼지는 빛이
그녀의 하얀 브라우스에
스며들어
바다에 빠지는 빗줄기!

안녕 내 사랑
언제 또 볼 수 있을까

그의 눈빛은
당혹하면서도
애잔하다

안녕
그래도 지난 일들은
넘 좋았어요
다시 만날 수만 있다면

차 안은
울리는 빗소리들
맑은 얼굴의 두 남녀는
빗물에 흘러
파도마저 잠자는 듯
고요한 비가 내린다

모짜르트 피아노 협주곡 21번 2악장 C장조 안단테

볼프강 아마데우스 모차르트
1785년 2월
하늘에서 들리는 듯
고요함에 묻힌 빈의 거리
28살의 젊은이가
천사의 음성을 들려준다

꿈으로 들어가는
아이의 깨끗한 얼굴
먼 나라에서 들리는 듯
잠자는 그대에게 다가가
키스라도 하듯이
영화 엘비라 마디간의
주제곡은
사랑의 묘약처럼 취해서
젊은 모차르트에게
치명적인 사랑을 묻고 있다

사랑의 도주를 하는
아내 있는 식스틴과
아름다운 엘비라
송곳 같은 건반의 울림
부드럽게 파고드는
깊은 사랑과 열정!

험난한 세상은
사랑을 개의치 않는다
두 연인의 눈빛에 흐르는
애수의 피아노!
그대는 천사인가
아니면 악마인가
피아노 건반에 들리는
사랑의 극약!
두 발의 총성은 바이올린의
높은음에 있어
들리지 않았다

그대여
죽음도 우리를
어떻게 할 수 없습니다
이 순간이 영원하기를!

죽음도 끝나고
사랑도 끝나고
음악도 끝나
천사는 어디로 갔는지
무대에 피아노만 남아있다
한동안의 침묵이 흐른다

그대여! 그대여!
어디선가 들리는
신의 음성
볼프강인가 아니면
어둠이 장막을 내리며
메아리쳐 오는

피아노 협주곡 21번

어둠은 어둠으로
꿈은 꿈으로
끝도 없이 들려오는
엘비라 마디간의 안단테
피아노 선율!

그리운 친구

그리운 친구야 보고 싶구나
물 건너갔던 제비는 돌아와
햇빛 먹으며 즐겁게 우는데
그리운 친구야 보고 싶구나

소중한 사랑

그대를 사랑함은
어렵사리 지내온 날들이
그렇게 싫지 않음이요
살아갈 날들이 까마득해도
넌지시 헤쳐나갈 수 있다는
실낱같은 희망이 되겠지요

희미한 등불이 바람을 만나
쉬 꺼지려 함은
뒤늦게 온 사랑이
마음이 앞서
조바심마저 나는
이유일 겝니다

누구나 사랑할 수 있는 것은
아니지만 누구도 사랑받지 못할 이유
또한 없습니다
기다린다고 다 되는 것은

아니지만
기다리면 안 되는 이유
또한 없습니다

문득 고개를 들어
하늘을 보면
회색 하늘에 하얀 빗방울!
사랑이 비를 타고
여름을 식힐 수 있다는 것이
심지어 아름답게
보이는 이유는
인연으로 맺어지는
사랑보다
한 사람으로서의 한 사람을
소중하게 생각하는 사랑!
이유가 아닐는지요

사랑하십시오

사랑하십시오
이 여름이 가기 전
태양이 주는
뜨거운 키스를 받으시고
아낌없는 햇빛처럼
모두 줄 수 있는
사랑을 하십시오

나 하나의 사랑도
괜찮습니다
두 하나의 사랑도
괜찮습니다
모두 하나의 사랑도
괜찮습니다

사랑하십시오
남기는 사랑은
오래갈 수 없습니다

아무것도 없는
초라한 사람일지라도
눈빛을 주십시오
그러면 어디선가 사랑이
올지도 모릅니다
사랑을 하십시오

사랑하십시오
이 여름이 가기 전
풍요로운 바다에 배 띄워
소금 같은 사랑 싣고
푸른 물결 헤치며
당신의 아름다운 목소리로
사랑을 하십시오

운명의 북소리

독일의 괴성
휘갈기는 악보는
굳게 다문 입술이 말하듯
인간의 존엄성마저
미궁 속으로 빠뜨리는
마력을 지니고 있다
마치 운명의 늪에
부릅뜬 눈으로
지옥의 끝에서
천사를 본 듯
장대한 신의 영역을 넘어
그 악성의 시작
다 다 다
다―――――

알레그로 콘 브리오
호른의 독주는
가시밭길에 선

운명 자의
처음과 마지막이며
영원한 안식을 향한
인간의 벌거벗은 마음이고
운명의 문을 두드리는
신들린 의지의 표상이다
요제프 칼 슈타이어
베토벤의 초상화
눈빛을 그리면서
얼마나 고민했을까
바로 운명을 찌르는 듯한
그 관철하는 눈동자
저돌적인 빨간 마후라
시간의 속도만큼 빠른
야성!
굽이치는 흰 머리카락
암흑에서 광명의 세계로
가고자 했던

한 사나이의 굳은 표정

아다지오 콘 모토
비올라와 첼로
죽음과 싸우는
사투의 현장 독일 빈
햇빛에 반짝이는 산책로
내면성은
암흑의 그림자를 밟고
장중하면서도
빛나는 환희가
빛처럼 번지며
운명에 던지는 북소리!

알레그로
푸가 기법의 박진감은
음률을 타며
폭풍전야의 고요함이

흐른다
마지막 승자는 누구인가

알레그로
제1 주제 튜티의 연주
운명을 바꾸려는 자는
누구인가
폭풍은 이 세계를
놓아둘 것인가
인간의 의지는 과연
어디까지인가
삶과 죽음은 또
어디로 가는가
천사의 음성처럼
고요 속으로 빠져든다
그리고
요동치듯 일어나는
폭발하는 악의 무리들

운명은 저 앞에서
그 크고 붉은 눈으로
어린아이 쳐다보듯
북소리! 북소리
심장을 치며 환호하는
저! 깊은 곳에서 들려오는
운명의 소리!

소 풍
– 귀천의 소풍을 생각하며

나 돌아가리라
새싹 같은 손을 잡고
키보다 큰 억새풀로 뛰어가던
코 흘리는 시절

나 돌아가리라
엉엉, 떼쓰며 엄마 손 놓지 않으려다
예쁜 아이 눈치 보던
그 눈물 나던 날!

나 돌아가리라
한입 가득 건빵 물고
하늘 높은 나무 돌아서
영원할 줄 알았던 그 순간!
소풍이 끝날 줄이야

불망일

아! 잊을 수 없는 날들이여
그대 창에 불 밝히면
쓰러진 세월이 일어나
동구 밖으로 뛰어다니던
까막까치 같은 눈동자
새날이 오면 만날 수 있었던
길고 긴 밤의 야행
그 깊고 푸른 초록빛 시절
영혼에 깃든 천국이었습니다

아! 잊을 수 없는 날들이여
천사 같은 눈은 두꺼워져
더이상 새벽별을 볼 수 없습니다
저! 작열하는 태양의 눈마저
가버린 날을 위하여
환희에 들떠 있는 모습!

아! 잊을 수 없는 날은 갔지만
나는 보내지 않았습니다
아름다웠던 날들이여!
돌아갈 수 없는 길에
벌써 진달래꽃 지고 있으니
꽃잎이 흩어진 눈부신 날들!

봄 예찬

겨울의 긴 갑옷이
대지를 동토로 만들어 마음까지 오그라지며
찬 서리 가져와 얼음문양을
시냇가에 뿌린다
창끝처럼 뾰족한 가지에
까마귀 날아들어
먼 북녘땅을 바라보며
찬바람의
숨은 뜻을 헤아려보고
까만 날개 휘저으며
가지 부러지는 소리
눈 속에 맺힌
동장군에게 들려와
겨울은
한층 매섭게 노려보는
한 마리의 매 같다
얼음 섞인 계곡에
방울처럼 떨어지는

물소리
청정을 일깨우고
도사리고 있는
이리의 털을 곧추세우면 붉은 짐승은
해를 등지며 돌아선다
가지 끝에 이는 동심이
어느새 푸른 하늘의
이치를 알아버렸는지
바람에 흔들리는
북풍의 쓴 미소!

그대가 오는 줄
진작 알았건만
춥디추운 겨울이
쉬 놓지 않네
장군은 곧 북쪽을 향하겠지
아름다운 얼음꽃이 사그라지며
흰 꽃이 색깔을 담아

낮은 언덕에 피어나고
봄이 그렇게 쉬 오는지
잔디 위를 밟아오는
장수의 숨소리가
햇볕에 가녀린 바람 되어
능선을 넘어온다
저 꽃 속에 숨은 봄바람이여!
겨울을 뿌리친 용기로
쓴웃음에
환한 미소로 키스하며
봄은 그대 품에 안기었다

무엇이 두려운가
창공을 가르는
매의 예리한 날개가
봄 속에 있지 아니한가
봄은 역동성에서 태어나
화들짝 놀란 아이처럼

그렇게 가슴을 태우는
여인의 맑은 눈빛에
봄은 오더니만
봄은 지친 사람에게
졸음에 겨운 사랑마저
줄 수 있다는 사실이
그리도 잠 못 들게 하는지
봄은 봄으로 난 길에서
햇살 가득 담으려 한다.

누부야!
– 바다를 그리며

하얀 물결 반짝이는 모래언덕
시집간 누부야는 언제 올는지
봄이 한창인 파란 바닷가에
눈물 지며 달려오는 파도소리

목련화야

엄동을 지난 그대 발자국!
하얀 버선발로 달려오는가
혹독한 겨울이 풀섶에 서서
오는 봄을 맞이하니
목련화는 사랑이로다
더욱 고운 얼굴
새초롬한 가지에 걸리어
순백은 아침에 오는 이슬!
언 땅에 뻗은
그대 손 같은 가지여!
푸른 하늘 찬바람 일며
순정에 흔들리는 목련화야!
결코 눈을 감지 못하는 것은
겨울 나목 사이에
빛나는 흰 꽃 때문인가

진달래꽃 질 때면

날 떠난다면
눈물이 나겠지만
진달래꽃 질 때까지만
기다려 주세요

붉은 꽃잎이
눈처럼 펄펄 날리면
가시는 걸음에 놓인
저! 꽃 자국들

부디 돌아서지 마시고
기약 없는 이별이
황금의 명세를 하고
떠나갑니다

날 떠난다면
눈물이 나겠지만
진달래꽃 질 때까지만
참으렵니다